ro
ro
ro

ro
ro
ro

Herrschaftszeiten, was ist nur mit den Männern los? Verwirrung, wohin man schaut. Zwischen metrosexuell, Alpha-Softie und Möchtegern-Macho herrscht Orientierungslosigkeit de luxe. Doch jetzt ist Schluss mit luschig! Die Zeichen stehen auf Rückbesinnung zur Männlichkeit. Aber wie, bitte schön, soll das gehen, ohne präpotent in die Testosteron-Falle zu tappen? Selbstironisch und unterhaltsam geht Julian Hartmann der Frage nach, wie der moderne Mann sein soll. Er konjugiert Männerbilder durch und analysiert angebliche Traumtypen. Und weil uns das Thema alle betrifft, werden sich auch Frauen und Paare köstlich amüsieren.

Julian Hartmann ist Journalist und Mitte 30. Im Netz sorgt er durch seinen Blog *schlussmitluschig.de* für Furore, wo er Notizen zum Mannsein sammelt und die Theorie der «Emannzipation» propagiert. Hartmann sieht sich und seine Geschlechtskollegen als Verlierer der Emanzipation und fordert ein Umdenken der XY-Träger. Er selbst ist Protagonist des Romans «Für immer Juli» (2013), aufgezeichnet von seinem Alter Ego Bernhard Blöchl.
Mehr Infos finden Sie unter: *www.schlussmitluschig.de*

Julian Hartmann

SCHLUSS MIT LUSCHIG!

ANLEITUNG ZUM MANNSEIN

Rowohlt Taschenbuch Verlag

Originalausgabe
Veröffentlicht im Rowohlt Taschenbuch Verlag,
Reinbek bei Hamburg, Juli 2014
Copyright © 2014 by Rowohlt Verlag GmbH,
Reinbek bei Hamburg
Umschlaggestaltung ZERO Werbeagentur, München
(Signet Cover und Innenteil: Veronika Grüning, www.fanteria.de)
Gestaltung Daniel Sauthoff
Satz Tisa Pro OTF und Whitney PostScript (InDesign) bei
Pinkuin Satz und Datentechnik, Berlin
Druck und Bindung CPI books GmbH, Leck
Printed in Germany
ISBN 978 3 499 61739 3

FSC
www.fsc.org

MIX
Papier aus verantwor-
tungsvollen Quellen
FSC® C083411

Das für dieses Buch verwendete Papier ist FSC®-zertifiziert.

Inhalt

Vorwort

SCHLUSS MIT LUSCHIG!

Freunde, jetzt haben wir den Salat (ich mag Salat, aber das tut hier nichts zur Sache). Mit «wir» meine ich die Männer, also die modernen Männer in den Dreißigern. Ich behaupte, wir sind verwirrt. Komplett verwirrt. Aufgewachsen in den Neunzigern, diesem Nicht-Jahrzehnt, als die Metrosexuellen noch zarte Hoffnungen hatten, haben wir verlernt, was es heißt, ein Mann zu sein. Da braucht man sich nur umzuschauen: Zwischen Windelnwechseln und Work-out, zwischen Pastinakensüppchen und Pick-up-Seminaren herrscht Orientierungslosigkeit de luxe. XY ungelöst.

Keiner kann uns vorwerfen, wir hätten es nicht versucht. Wer, wenn nicht wir, war bereit für ein modernes, wunderbar wandelbares Rollenbild? Wer, wenn nicht wir, war bereit für Kinder, Kochen, Kloputzen? Ein Hoch auf die Gleichberechtigung! Machismo war gestern (war er das wirklich?). Mittlerweile, viele Enttäuschungen später, sehe ich das etwas anders – und frage mich: Wozu der ganze Mist von wegen neuer sensibler Männlichkeit, wenn es doch noch immer die Arschlöcher der alten Schule sind, die bei Frauen punkten? Man braucht sich nur umzuschauen, es zieht sich durch alle Gesellschaftsschichten. Herrschaftszeiten, ich fühle mich falsch eingeparkt! Festgefahren in der Sackgasse der Emanzipation. Aber jetzt ist Schluss mit luschig!

Nur wie, bitte schön, soll er denn nun sein, der moderne Mann? Ein moderner Macho mit Stil? Gleichzeitig einfühlsam und kultiviert? Aber unbedingt souverän? Ben Kingsley hat es auf den Punkt gebracht: «Ich denke, dass die Rolle des Mannes neu definiert werden muss», sagte der Schauspieler in einem Interview mit der Zeitschrift *GQ*. «Zurzeit herrscht dort etwas Chaos. Männer wissen nicht mehr, wie sie sich zu verhalten haben.»

Genau, es herrscht Chaos. Deshalb dieses Buch. Ich möchte Teil einer Männerbewegung sein. Einer Männerbewegung, die modern und souverän zugleich ist. Emanzipiert und männlich, im besten Sinne des Wortes. Ich möchte begreifen, was Frauen wollen (so sie es selbst wissen). Und herausfinden, ob ich so sein kann und will. Seht es als Experiment: Ich möchte Männerbilder durchkonjugieren, berühmte Persönlichkeiten zu Wort kommen lassen, Prototypen von Traummännern analysieren – für mehr Orientierung im Gender-Dschungel. Frauen sollen dabei ebenso ihre Freude haben wie Männer oder Pärchen, denn das hier geht uns alle an, und ich favorisiere das Miteinander im viel zu verbissen geführten Geschlechterkampf. Kolumnen und Listen ergänzen die Textesammlung. Ich liebe Listen, das werdet ihr schnell merken, weil sie meine Gedanken strukturieren. Und bitte, betrachtet sie als inspirierende Unterhaltung, nicht als Handlungsanweisung. Ich bin ein Schelm, kein Guru.

Servus
Julian Hartmann

Emannzipation –
eine neue Männerbewegung

Herrschaftszeiten, was ist nur mit den Männern los? Verwirrung, wohin man schaut. Auf *sueddeutsche.de* war vor einiger Zeit zu lesen: «Der Mann von heute bewegt sich permanent an der Schwelle zur Schizophrenie. Zumindest steckt er inmitten einer dauerhaften Identitätskrise.» Der *Focus* griff das Thema mit einem eigenen Männerheft auf und kam zu dem Ergebnis: «Die Geschlechterrollen haben sich verändert, Männer können heute alles sein. Die große Freiheit (...) schafft aber auch große Verunsicherung.» Bald zog der *Spiegel* nach, unter dem provokanten Titel «Männerdämmerung». Die Prämisse der noch immer XY-dominierten Redaktion aus Hamburg: «Gesucht wird der moderne Mann (...) Der Mann kommt nicht mit.» Willkommen im Club, Herrschaften! Aber auch die Frauen sorgen sich um den modernen Mann: Unter dem Titel «Lauschangriff» diskutierten in der *GQ* unlängst prominente Damen über die Rolle des Mannes in Zeiten der #aufschrei-Debatte. Ihr Fazit: «Es bräuchte eine vernünftige Männerbewegung.» Und die Krise hält an: Mit «Not am Mann» war Anfang 2014 die Titelgeschichte der *Zeit* überschrieben, weitere Medien stimmten in den Kanon ein.

Was genau ist das Problem? Soll doch jeder, wie er mag, raunt der Individualist. Und er hat recht. Doch eines übersieht er: Männer wollen Frauen gefallen, darum ging es schon immer (Heterosexualität vorausgesetzt, und darum soll es hier gehen, weil ich mich nur darin auskenne). Und Frauen haben sich verändert. Nach zuletzt schwungvollen Wellen der Emanzipation haben sie gestiegene Ansprüche an die Männer: Groß und stark und gutverdienend reicht schon lange nicht mehr – auch einfühlsam, kultiviert und engagiert im Haushalt soll er sein, der Traumpartner von heute. «Frauen sind die Emanzipationsgewinner, Männer bis auf weiteres die Verlierer», brachte es der *Focus* auf den Punkt. Sonja Kirchberger sagte in der *GQ*-Diskussionsrunde: «Männer sind sehr bequem. Ich glaube, sie haben einfach ein wenig verschlafen, was wir Frauen da erreicht haben. Und jetzt wachen sie auf und sind irritiert. Der Mann hinkt uns jetzt hinterher.» Auch der *Spiegel* wollte eine Kluft zwischen Männern und Frauen in Deutschland erkannt haben. Laut dem Soziologen Klaus Hurrelmann haben Frauen in den vergangenen Jahrzehnten ihre Geschlechterrollen erweitert. Die Frauen verhielten sich zielstrebig; die jungen Männer jedoch würden zu einem großen Teil in einem traditionellen Männerbild verharren. Folglich wurde sogar ein Buch mit dem provokanten Titel «The End Of Men» in die Diskussion geworfen.

Willkommen also in der Sackgasse der Emanzipation! Denn entweder der Mann bleibt stur und verharrt in seiner Steinzeitrolle, oder er mutiert zum überemanzipierten Waschlappen. Die Folge: Die Lusche, das Weichei oder der Alpha-Softie, wie Forscher jenen herangezüchteten Typus Mann nennen, eiert herum. Und weiß nicht mehr, was ihn als Mann ausmacht. Wie viel Männlichkeit er wagen darf und soll. Zwischen Windelnwechseln und Work-Life-Balance ist ihm die Souveränität abhandengekommen. Dummerweise ist es aber genau das, was Frauen an Männern sexy finden: Souveränität. Also stürzen sich die Damen in Affären mit sogenannten echten Kerlen (glaubt mir, ich weiß, wovon ich spreche).

Die Zeichen der Zeit stehen auf Rückbesinnung zur Männlichkeit. Aber wie soll das gehen? Schluss mit der Umerziehung und zurück zum Archaischen? Das wäre viel zu einfach – und ein Armutszeugnis für XY. Der mit Verstand ausgestattete Mensch sollte fähig sein, sich den Anforderungen anzupassen und sich – wie die Frauen – zu entwickeln. «Get up and evolve», wie Glenn O'Brien in seiner wunderbaren Stilfibel «How To Be A Man» fordert. Es ist Zeit für ein selbstbewusstes, modernes und gesellschaftlich relevantes Männerbild. Und es gibt Auswege aus dem Männerdilemma.

Das hat auch der *Playboy* erkannt und bietet in einer Spezialausgabe Orientierungshilfe an. Darin werden «die wichtigsten Stil- und Spielregeln für Gentlemen» angepriesen (ein Zeichen dafür, dass wir es allesamt verlernt haben?). Das Ganze unter dem wegweisenden Motto «How To Be A Playboy» (mit George Clooney auf dem Cover, und kein Bunny weit und breit, das muss man sich mal vorstellen!). Im Vorwort schreibt der Chef-*Playboy* und *Playboy*-Chef: «Der konturlose, der wohltemperierte Typ Mann hat ausgedient.» Seine Einschätzung: «Der moderne Mann ist im besten Sinne altmodisch.»

Ich stimme zu, doch meine elf Thesen, die ich – locker über das Buch verstreut – vorstellen möchte, gehen über pure Nostalgie und Clooney-Verehrung hinaus. Denn ich finde, wir müssen uns viel mehr anstrengen, als nur den Gentleman von gestern zu geben. Wir müssen uns emannzipieren! Emannziwas? Ist das ein Tippfehler? Keineswegs! Unter Emannzipation verstehe ich die Befreiung aus den Fesseln von Schluffitum und Metrosexualität bei gleichzeitiger Erweiterung der Beziehungs-Skills. Denn ist die Vorstellung von einem Mann, der die Facetten seiner Maskulinität lebt, ohne sie über das Feminine zu stellen, nicht verlockend? Der etwas zu sagen hat und aktiv zuhören kann? Der souverän handelt und kompromissbereit ist? Der kräftig anpackt und Fingerspitzengefühl zeigt? Kurzum: der Mann sein darf und sich weiterentwickelt? Dieser Männerbewegung möchte ich angehören.

Thesen zum modernen Machismo – eine Begriffsklärung: Macho, Machismo, Matschbirne

Der moderne Machismo hat mit dem traditionellen Machismo nichts zu tun. Er ist ein provokanter Kunstbegriff. Macho ist ein Lehnwort aus dem Spanischen und bedeutet zunächst einmal nichts anderes als männlich. Der Eber ist macho, der Hengst ist macho, Julian ist auch macho (ob er eine Lusche ist oder nicht). Im Deutschen schwingt unweigerlich viel Negatives mit, ist vom Macho die Rede. Machos gelten als offensiv, überheblich und frauenfeindlich. Vor allem das traditionelle, konservative Rollenbild dieser Ausprägung, ich bezeichne es gerne als Oldschool-Macho, ist meiner Meinung nach gestrig und engstirnig.

Der Machismo wiederum beschreibt einen regelrechten Männlichkeitswahn. Hierbei geht es um die Zur-Schau-Stellung der Männlichkeit in der Gesellschaft, um die Verteidigung der Ehre, um sexuelle Herausforderungen und anderes präpotentes Verhalten (verstärkt in Spanien und Iberoamerika). Klar im Fokus steht die Überbetonung männlicher Potenz und Genialität (das weibliche Gegenstück ist übrigens der Marianismo).

Warum ich meine Suche nach einem modernen Männerbild ausgerechnet in Zusammenhang mit dieser zweifelhaften Strömung bringe? Ganz einfach: Ich möchte mit dem Kunstbegriff schlichtweg provozieren – modern und Machismo schließen sich in meinen Augen komplett aus. Wer sich die Forderungen meiner Emannzipation näher ansieht, der spürt bei jeder These, dass ich mit Machismo und anderen Matschbirnen nichts am Hut habe. Im Gegenteil plädiere ich für Gleichberechtigung. Aber eben auch für die Rückkehr zur Männlichkeit zu 100 Prozent. Macho im besten und ursprünglichen Wortsinn. Macho statt Matschei. Ja, ich denke, das geht (hoffentlich werde ich darin bestätigt): absolut männlich, absolut emanzipiert. Emannzipiert eben.

33 Dinge, die der moderne Mann endlich kapieren sollte

Schon klar, Mann hat's nicht leicht. Aber einige Regeln sollten längst klar sein. Möchte man meinen.

1. Finde heraus, was du willst (bevor es deine Freundin tut).
2. Finde heraus, was sie will (bevor sie dir an den Kopf wirft, dass du ihr keine Hilfe bist, wenn sie sich nicht entscheiden kann).
3. Handle entschlossen. Souveränität ist sexy.
4. Smexy ist das neue sexy (wer googeln muss, zahlt die nächste Runde).
5. Im Bad länger zu brauchen als deine Freundin, hat nichts mit Stilbewusstsein zu tun, sondern ist eine Kriegserklärung an die Göttin der Weiblichkeit.
6. Kauf dir gute Schuhe und überlasse den Schuhschrank nicht den Frauen.
7. Flip-Flops are fool shoes.
8. Rede mit deiner Freundin. Schweigen ist der Anfang vom Ende – Kommunikation ist alles (ihr brauchst du das nicht zu sagen, sie weiß das längst).
9. Dummschwätzer, Phrasendrescher und Egoshooter mag niemand – sei selbstironisch, witzig und originell!
10. Breitschultrig, ja – breitbeinig, nein!
11. Unterschätze nie eine Frau. Nie.
12. Wenn du mit einer Frau zusammen bist, liebe sie wie keine zuvor.
13. Hör nie auf zu träumen und sprich darüber (verschweige deiner Freundin lediglich die Träume mit anderen Frauen).
14. Frauen mögen Männer, die gut kochen (noch mehr mögen sie solche, die hinterher gut aufräumen).

15. Koche nicht nur für sie, sondern auch für dich allein (Steak zählt nicht).

16. Deine Freundin liest «Shades Of Grey», und ihr gefällt sogar die deutsche Übersetzung? Das sollte dir doppelt zu denken geben.

17. Selbstverständlich sind dominante Männer attraktiv (dominant sein zu wollen, ist es nicht).

18. Tanze nicht nach ihrer Pfeife (außer, du hast Mist gebaut).

19. Verbringe viel Zeit mit ihr (aber nicht zu viel).

20. Sei geheimnisvoll (verplappere dich nicht).

21. Mach dich rar (kein Widerspruch zu Punkt 19, es kommt auf die Balance an).

22. Verdammt noch mal, kauf ihr Blumen!

23. Schließ Lampen um Himmels willen selber an! Den Elektriker oder die Schwiegermutter zu bitten, wird sie dir noch in fünf Jahren vorhalten (ganz zu schweigen davon, dass sie dich als Mann nie mehr respektieren wird).

24. Wechsle Autoreifen selbst (wenn du nicht weißt, wie das geht, lerne es und sieh es als Reife[n]prüfung).

25. Lass dir erst dann wieder einen Bart wachsen, wenn die Männermodels in den Werbebeilagen keine mehr tragen.

26. Glatzen sind nur so lange uncool, bis du dir eine verpasst.

27. Lies Frauenmagazine und schau dir nicht nur die Bilder an (sich mit Kosmetik, Wäsche, Feinstrümpfen und Diäten auszukennen, könnte Eindruck machen).

28. Wirf dich wenigstens einmal pro Jahr für deine Freundin ins Gefecht (wenn du nicht weißt, wie das geht – Schubsen, Rempeln oder Aufplustern tut's auch).

29. Nähere dich einer fremden Frau nie von hinten, sondern immer seitlich von vorne.

30. Je hübscher eine Frau ist, desto frecher kannst du ihr kommen (nett sind alle anderen).

31. Mach ihr Komplimente (aber nur konkrete, die sie nie zuvor gehört hat).
32. Achte darauf, dass ihr Glas nie leer ist.
33. Vergiss diese Liste (deine Freundin wird dir eine eigene schreiben).

Crashkurs Mann: In fünf Schritten zum Dandy

1. Poste jeden Tag mindestens ein Oscar-Wilde-Zitat auf deiner Modeblog-Facebook-Seite. Dabei hörst du Bryan Ferry und schwenkst mit gespreizten manikürten Fingern ein Nosing-Glas von Cartier, in dem ein 24 Jahre alter Whisky seine Aromen tanzen lässt (Whisky selbstverständlich ohne «e»).

2. Verbringe mehr Zeit auf Modemessen, in Kleidungsgeschäften und bei Benimmseminaren als deine Exkumpels beim Fußball.

3. Liefere dir ein Kopf-an-Kopf-Rennen mit deiner Lady, wer a) länger im Bad braucht, b) mehr Platz im Schuhschrank bekommt und c) mehr Geld in Klamotten investiert (Klamotten wirst du freilich nie dazu sagen, du bevorzugst den Begriff Couture).

4. Halte dich mit Stilkritik bei deiner Partnerin zurück (auch wenn du überzeugt davon bist, dass sie den Farbton Honeysuckle bei ihrem Beinkleid dringend überdenken sollte).

Manntra von Ben Kingsley
«Ich denke, dass die Rolle des Mannes neu definiert werden muss. Zurzeit herrscht dort etwas Chaos. Männer wissen nicht mehr, wie sie sich zu verhalten haben.»
(Der Schauspieler 2012 in einem Interview mit der GQ)

5. Du musst kein schlechtes Gewissen haben, wenn du deine Freundin verlässt, weil sie ihre Strumpfhosen – trotz Ermahnung – nach wie vor im Zweierpack im Supermarkt kauft.

Expedition ins Männerreich

(1)

Darwin und die breitbeinigen Dasitzer

Es gibt Frauen, die überschlagen sich doppelt. Also ihre Beine. Kennt ihr das, wenn sich Beine doppelt überschlagen? Sich regelrecht verknoten, als wären die Unterschenkel aus Weichgummi und nicht aus Knochen gebildet? Meist sind es unverschämt und unverhältnismäßig und unvergesslich und unverwechselbar lange Beine, ansonsten wäre das anatomisch gar nicht möglich, dass sich das rechte über das linke legt, damit sich die Fuß- oder Schuhspitze des aktiven unter das Standbein schiebt. Oder eben andersrum. Also das linke über das rechte und so weiter. Das liegt in der Laune der Frauennatur.

Männer sind auch launisch. Aber sie verknoten sich nicht. Also ihre Beine. Warum eigentlich nicht? Hin und wieder sieht man sie schon, die aparten Beinverdreher, aber der Normalfall bei Männern ist, da wird niemand widersprechen, das breitbeinige Dasitzen. Das sieht so plump aus, wie es klingt. Dasitzen. Kerle dasitzen beim Fußball auf dem Sofa, beim Nichtstun in der U-Bahn und – sehr beliebt – beim Dampfplaudern in Talkshows. «Schauen Sie nur, Herr Jauch, wie ich dasitze, als Alphamännchen habe ich die Macht dazu, also lassen Sie mich gefälligst ausreden, Sie Hemd!»

Ich zähle Vertreter dieser Disziplin gerne zur Sorte Testosteron-Toni. Männer, die glauben, zu viel Sexualhormone in sich zu tragen, ach was, die fest davon überzeugt sind, aus Testosteron zu bestehen. Eine steile These geht so: Je größer der Winkel zwischen den Dasitzerschenkeln, desto größer die Selbstüberschätzung ihrer Besitzer.

Was den meisten Breitbeinern womöglich nicht bewusst

ist: Aus medizinischer Sicht ist ihr Verhalten – im Unterschied zur Sicht der Ästheten – gar nicht mal so falsch. Andrologen behaupten ja, dass mehr Spermien bildet, wer die Temperatur in den Hoden kühl hält. Und das körpereigene Kühlsystem funktioniere nicht mehr – bingo! –, wenn Mann mit übereinandergeschlagenen Beinen sitzt. Kein Witz, sondern wieder einmal Darwin. Survival-of-the-fittest-Dasitzer. Wer seine Hoden kühl hält, stirbt nicht aus. Breitbeinig gewinnt. Da können sich die Dandys verknoten, bis sie umkippen.

Dass ich meine Beine trotzdem lieber übereinanderschlage, liegt nicht etwa an einem nicht vorhandenen Kinderwunsch (so leicht lässt sich meine Spermienproduktion auch wieder nicht beeinträchtigen). Stattdessen bin ich der festen Überzeugung, dass der Beinschlag besser zu mir passt und eleganter aussieht. Der einfache Überschlag wohlgemerkt, der doppelte wirkt schon arg verkrampft (wer mag, darf das gerne ausprobieren, am besten gleich, Anleitung siehe oben).

Natürlich hab ich's auch als Breitbeiner versucht. Und natürlich fühlt es sich bequem an. So befreiend, wie im Stehen zu pinkeln oder ungeniert zu rülpsen. Man muss halt die Blicke derer ertragen, die sich durch diese überflüssige Demonstration der Dominanz – oder schlichtweg des schlechten Benehmens – gestört fühlen, und das sind nicht nur Frauenblicke. Bei weitem nicht mehr. Aber jeder, wie er mag. Es ist ja kompliziert. Mit Sicherheit gibt es auch Männer, die sich durch den verführerischen Doppelknoten in – womöglich auch noch nackten oder feinbestrumpften – Frauenbeinen irritieren lassen. Weil ihnen ganz schwindelig wird bei diesem Anblick.

Thesen zum modernen Machismo (1)

Frauen mussten für ihre Gleichberechtigung über Jahrhunderte kämpfen – bis heute. Wir Männer hatten es vergleichsweise bequem. Nun sind wir an der Reihe mit geschlechterspezifischer Anpassung. Freunde, das wird jetzt unerfreulich, aber es wird Zeit, an uns zu arbeiten!

Crashkurs Frau: In fünf Schritten zur modernen Frau

1. Du hältst dich für derart emanzipiert, dass du sämtliche weiblichen Sprachformen ablehnst, die du für konstruiert und diskriminierend hältst; damit willst du zeigen, dass du sehr wohl auch als Frau Bankkaufmann oder Online-Journalist erfolgreich sein kannst.

2. Von Männern erwartest du nicht viel, lediglich einen Old-school-Macho im Bett, einen Alpha-Softie als Vater deiner spät zu gebärenden Hochbegabtentochter und einen emannzipierten Partner als kurzfristigen Lebensabschnittsgefährten, der kompromisslos sein eigenes Ding macht, aber immer da ist, wenn du ihn brauchst (was du nicht zugibst).

3. Wenn du gerade keinen Boyfriend hast, dem du deinen freien Willen lässt, kommst du auch prima alleine klar.

4. Ob Toy-Boy oder Clooney-Typ – warum solltest du dich entscheiden? Alles zu seiner Zeit (oder gleichzeitig).

5. Du verbindest Kind und Karriere zu einem schicken Lifestyle; nebenbei schreibst du das Buch «Überwoman», von dem du mehr Exemplare verkaufst als Tommy Jaud von seinem jüngsten Roman.

33 Dinge, die die moderne Frau endlich kapieren sollte

Schon klar, Frau hat's nicht leicht. Aber einige Regeln sollten längst klar sein. Möchte man meinen.

1. Esst, meine Damen, esst!
2. Im Feldsalat herumzustochern, ohne einen Bissen zu schlucken, kann ein Rendezvous zerstören. Mindestens.
3. Nein, du bist nicht zu dick (und wenn, dann sind es weibliche Formen).
4. Betrunken seid ihr lustig.
5. Duckface ist nicht lustig (auch nicht betrunken).
6. Imitiert nicht den männlichen Humor, feilt am weiblichen.
7. Seid gepriesen, ihr Göttinnen der Kommunikation, aber es gibt nicht nur Kommas und Semikolons und Doppelpunkte – man (besser: Frau) könnte auch mal zum Punkt kommen.
8. Ihr müsst nicht tiefer sprechen, um im Job ernst genommen zu werden.
9. Herrschaftszeiten, es heißt Bankkauffrau, nicht Bankkaufmann (wenn ihr es nicht vorlebt, wie sollen es all die Dumpfbeutel kapieren?).
10. Alice Schwarzer hatte recht (meistens).
11. Haushalt ist nicht Frauensache. Kindererziehung auch nicht.
12. Ihr seid die besseren Menschen (versaut es nicht).
13. Das mit dem Helfersyndrom müsst ihr in den Griff kriegen. Nicht jeder Testosteron-Toni hat euch verdient.
14. Arschlöcher sind zu meiden wie Dixi-Klos bei Metal-Festivals.
15. Warum hören Beziehungsfrauen irgendwann auf zu funkeln? Funkelt! Immer!
16. Nylons immer, Leggings nimmer!
17. Nylons in allen Farben (nur nicht Honeysuckle).

18. Flip-Flops are fool shoes.

19. Silikon ist super (aber nur in euren Ohropax).

20. Altert mit Würde (und ohne Botox).

21. Respekt muss man sich verdienen, schon klar. Aber wenn ihr verlernt, euren Partner zu respektieren, sagt die Liebe leise servus!

22. Erst fällt das «e» weg, dann die Leidenschaft als Ganzes, und irgendwann stehst du alleine da. Also sagt «Ich liebe dich», nicht «lieb dich» oder «hab dich lieb».

23. Fragen, die mit «Magst du» beginnen, sind auf Schleim gebettete Befehle (mögt ihr das bitte einstellen?).

24. Auch wenn ihr meist kleiner seid, sucht die Augenhöhe.

25. Den Antrag macht er. Immer.

26. Verplant uns nicht.

27. Drückt uns nicht euren Rhythmus auf (auch wenn ihr schneller seid).

28. Wer Freiraum sät, wird Nähe ernten.

29. Auf Sex folgt nicht zwangsläufig Liebe (manchmal auch nur ein beherztes «Leb wohl»).

30. Devot ja, aber nur im Bett (oder auf dem Küchentisch).

31. Dass ihr Vampir-Romanzen guckt bis(s) zum Morgengrauen, lassen wir uns ja noch gefallen. Aber Robert Pattinson ist ein blutleerer Fatzke.

32. Und Brad Pitt ist auch nur ein Schauspieler.

33. So leid es mir tut, aber Mr. Darcy ist tot (es hat ihn nie gegeben).

Crashkurs Paar: In fünf Schritten zum modernen Beziehungspaar

1. Den Haushalt schmeißt ihr derart gleichberechtigt, dass ihr von Zeit zu Zeit darüber streitet, wer am Samstagabend das Drei-Gänge-Menü für die besten Freunde zubereiten (und hinterher abspülen) darf.

Manntra von Marcello Mastroianni
«So schlecht können wir Männer gar nicht sein, sonst würden nicht so viele Frauen versuchen, uns ähnlich zu werden.»
(Der Schauspieler lebte von 1924 bis 1996)

2. Weil eure Karrieren ähnlich erfolgreich verlaufen, müsst ihr die Terminkalender regelmäßig synchronisieren, um freie Stunden für ungezwungene Zweisamkeit einzuplanen (Stichwort für das Diktat mit Siri: «Beziehungsarbeit»).

3. Kinder werden geplant, Kinder passieren nicht.

4. Rollenbilder lehnt ihr grundsätzlich ab; die einzigen Rollen, die ihr akzeptiert, sind die Performances von Schauspielerinnen und Schauspielern (und die im WC, das ihr abwechselnd säubert, wenn die Putzfrau mal wieder keine Zeit hat).

5. Auch wenn ihr euch in schwachen, meist sexuell angehauchten Momenten nach einer klaren Rollenverteilung sehnt, bleibt ihr standhaft und duldet die Missionarsstellung nur im Wechsel mit der Reiterstellung.

Thesen zum modernen Machismo (2)

Metrosexualität war ein großer Irrtum (in der Liste der größten Irrtümer der Neunziger noch vor Eurodance auf Platz 1). Selbstverständlich dürfen Männer weibliche Züge haben: Sie dürfen sich für teure Bio-Kosmetik und Maniküre interessieren; sie dürfen ihre Haare färben, transparente Stoffe tragen und sich die Brust (oder andere Stellen) rasieren. Doch wenn dabei das Gespür für Männlichkeit auf der Strecke bleibt, ist niemandem geholfen (fragt mal die Frauen!).

33 Gründe, warum Männer besser sind als ihr Ruf (manchmal)

Frauen lieben Männer. Frauen hassen Männer. Am liebsten schimpfen Frauen über Männer. Warum ist das so? Sind wir nicht unglaublich? Unglaublich gut?

1. Wir liegen euch zu Füßen und tragen euch auf Händen.
2. Wir haben breite Schultern, ihr habt langes Haar (warum solltet ihr euch nicht anlehnen?).
3. Wir machen euch den Packesel, ihr stolziert daneben.
4. Wir beschützen euch vor Nachtgestalten (dass ihr bei Vampiren respektive Dämonen respektive Zeitreisenden auf unseren Schutz verzichten wollt, kreiden wir euch nicht an).
5. Wir sind so was von gelassen (hysterisch kennen wir, seit wir euch begegneten).
6. Wir helfen euch bei Entscheidungen, wann immer ihr herumeiert (jetzt wisst ihr nicht, ob ihr das gut oder schlecht finden sollt, nicht wahr?).

7. Wir sind die Jäger, nach denen ihr euch sehnt (auch wenn wir manchmal die Flinte zu früh ins Korn werfen).

8. Wir riskieren Körbe, Konter und Ohrfeigen (natürlich tun die weh).

9. Verdammt noch mal, wir begehren euch.

10. Wir sind die Götter der Frechheit, über die ihr euch empört.

11. Wir sind mutige Draufgänger (nur nicht beim Zahnarzt und nüchtern).

12. Wir sind es, die die Spinnen wegmachen (nur die großen Kellerspinnen, die nicht).

13. Wir lassen euch reden (auch wenn wir nicht immer zuhören).

14. Wir haben den Humor mit Löffeln gefressen (warum kostet ihr nicht mal?).

15. Wir bringen euch zum Lachen, wenn euch nach Weinen ist (und umgekehrt).

16. Wir reichen euch die Taschentücher, die wir selbst nie vollheulen (außer bei verlorenen Champions-League-Finals).

17. Wir können uns Bundesligaspieler aus den Achtzigern merken, vergessen aber die Namen herumzickender Ex-Ex-Ex-Affären (wie gerne würdet ihr tauschen).

18. Wir tragen Konflikte in der Arbeit offen aus und spinnen keine Intrigen (dass uns das viel zu kompliziert ist, spielt hier keine Rolle).

19. Wir sind unperfekt und verzweifeln nicht daran (verfluchter Mist!).

20. Wir sind einfach zu beglücken (und hinterfragen den Zustand nicht).

21. Wir essen mehr als ihr (und nehmen euch die Gewissensbisse).

22. Wir haben kein Interesse, euch zu ändern (aber High Heels solltet ihr öfter tragen).

23. Wir könnten so sein, wie ihr uns haben wollt (ein Hoch auf den Konjunktiv!).
24. Wir können Bärte und Koteletten.
25. Wir könnten auch Brusthaar.
26. Wir haben tiefe Stimmen.
27. Und leben auf großem Fuß.
28. We're sexy and we know it (und hassen diesen Song).
29. Wir sehen mit jedem Jahr besser aus (graue Schläfen verstärken den Eindruck).
30. Wir verlieben uns nicht beim Seitensprung (aber wir lieben den Seitensprung).
31. Wir können Sex und Liebe trennen (zumindest glauben wir daran).
32. Wir sind Geber (von Natur aus).
33. Herrschaftszeiten, wir haben das Y.

ProtoTypen

(1)

Mr. Darcy

Manche Männer haben es einfach drauf. In dieser Reihe geht es um Typen, von denen wir viel lernen können. Teil 1: der zeitlose Gentleman Mr. Darcy.

Wer ist der Typ? Fitzwilliam Darcy ist der Prototyp des reichen Schnösels mit edlem Kern. Der All-Time-Favorite vieler Damen. Warum? Weil er alles hat, was Frauen nicht ganz schnuppe ist: Er ist attraktiv, er hat Kohle, er hat diese geheimnisvoll arrogante Aura, die Frauen mindestens herausfordert respektive zur Weißglut bringt. Und Weißglut bedeutet Leidenschaft. Weil sich dieser Gutsbesitzer stets galant im Spannungsfeld zwischen Anziehen und Abstoßen bewegt, ist er die treibende Kraft im Magnetfeld der Liebe. Nun ist es zwar so, dass dieser Darcy eine Romanfigur abgibt (ich weiß, wie man sich da fühlt). Aber sehnen sich viele Frauen nicht gerade nach dem, was sie nicht haben können? Thema ist er sowieso immer. 2013 jährte sich zum 200. Mal der Erscheinungstag von Jane Austens wohl bekanntestem Roman «Stolz und Vorurteil» («Pride and Prejudice»), dem Mr. Darcy entsprungen ist. Seit 1938 entstanden zahlreiche Verfilmungen des Stoffes, zuletzt 2005 mit Keira Knightley und Matthew Macfadyen. Der wohl bekannteste und beliebteste Mr. Darcy ist Colin Firth in der sechsteiligen BBC-Serie von 1995.

Was hat er zu sagen? Nicht viel, er ist ja eher schüchtern. Lieber lässt er – ganz Gentleman – Taten sprechen (zum Beispiel hilft er der Familie Bennet, ihren Ruf zu retten). Sein Antrag an Elizabeth kommt denn auch ein wenig stümperhaft rüber, brennt freilich dennoch vor Liebesglut: «Ich habe vergebens dagegen angekämpft. Es geht nicht. Meine Gefühle lassen sich nicht unterdrücken. Gestatten Sie mir, Ihnen zu sagen, wie glühend ich Sie verehre und liebe.»

Was können wir von ihm lernen? Rede nicht, handle. Und hänge eigene gute Taten nicht an die große Glocke. Reich sein schadet auch nicht. Denn wie lautet Jane Austens erster Satz so schön: «Es ist eine allgemein anerkannte Wahrheit, dass ein Junggeselle im Besitz eines schönen Vermögens nichts dringender braucht als eine Frau.» Stammt aus dem 19. Jahrhundert und ist augenzwinkernd gemeint, schon klar, ich fürchte jedoch, manche Frauen sehen das immer noch so.

Und weitere Inspirationen fürs Mannsein? Stilvoller Stolz macht sexy. Ehrlich, kein Vorurteil!

Inspirationsfaktor auf der nach oben offenen Machismoskala: **6 von 6 Rüschenkragen**.

Crashkurs Mann: In fünf Schritten zum Gentleman

1. Halte der Dame auch dann die Autotür auf, wenn sie das ablehnt oder eben noch telefonieren muss und dich so lange warten lässt, bis ihr Akku leer ist.

2. Widerspreche nie einer Frau, sondern warte, bis sie es selbst tut (aus Erfahrung weißt du, dass es sich hierbei nicht um Stunden handeln wird).

3. Sei ein geduldiger Wolf (aber verlerne nicht das Erlegen vor lauter Zurückhaltung).

4. Übe dich selbst dann in Gemütsruhe, wenn du deinen Lieblingsbegriff «Contenance» Dutzende Male bei einem einzigen Champagner-Empfang erklären musst (die Fassung kannst

du später allein zu Hause verlieren, wenn du im Rausch alle Gäste als Plebs beschimpfst).

5. Eifere nicht George Clooney nach. Gerüchten zufolge spielt er nur eine Rolle (tun wir das nicht alle?).

33 Sätze, die einen Mann als Testosteron-Toni outen

Wenige Wörter, und schon ist Mann als Macho entlarvt. Wer diese Sprüche wählt, kommt garantiert nicht wie ein Weichei rüber (aber wie ein präpotenter Sack).

1. «Emanzipation ist für Weicheier.»
2. «Wir haben lange genug für die Rechte der Frauen gekämpft.»
3. «Bunga, Bunga, Baby!»
4. «Gleichstellung? Für die Tonne!»
5. «Selbstverständlich respektiere ich Frauenbewegungen. Aber rhythmisch müssen sie sein.»
6. «Frauenquote im Kabinett? Ach, Gottchen…»
7. «Wenn sich eine Frau aufreizend kleidet, sendet sie eindeutige Signale.»
8. «Eine Zehn auf vierzehn Uhr! Die schnapp ich mir! Pass gut auf, da kannst du noch was lernen.»
9. «Das ist der Unterschied zwischen dir und mir: Ich bin ein ultramännliches Alphatier, du ein ewig frustrierter Loser!»
10. «Schau mal hier, alles Muskeln.»
11. «Du willst es doch auch.»
12. «Wer, wenn nicht du, kann so ein Dekolleté tragen.»
13. «Glückwunsch, du füllst dein Dirndl wenigstens aus.»
14. «Ich kapier die ganze Debatte um Rainer Brüderle nicht.»

15. «Lass mal die Praktikantin machen, ihr Kaffee ist eindeutig der beste.»

16. «Die Rechnung bitte, Schätzchen!»

17. «Rasieren? Das sollen mal schön die Frauen machen.»

18. «Sitzpinkler sind Luschen.»

19. «Frauenfußball? Hahahaha!»

20. «Wer für Bierflaschen einen Öffner braucht, braucht für Frauen einen Ratgeber.»

21. «Seit Deutschland von einer Frau regiert wird, geht es ganz schön bergab.»

22. «Wer bei der Hochzeit seinen Namen abgibt, gibt auch seine Eier ab.»

23. «Der Ober sticht den Unter.»

24. «Sorry, aber ich bin nun mal der Beste.»

25. «Wir machen das, wie ich es sage. Punkt.»

26. «Frauenversteher verstehe ich nicht.»

27. «Die hat den Job doch auch nur wegen ihrer Rocklänge.»

28. «Mir ist egal, was Frauen wollen. Alles, was zählt, sind ich und meine Bedürfnisse.»

29. «Alice Schwarzer und Mutti wären stolz auf dich, aber deine Freundin ist weg – herzlichen Glückwunsch!»

30. «Ein Mann muss tun, was ein Mann tun muss.»

31. «Ich halte es wie Friedrich Nietzsche: ‹Selten denkt das Frauenzimmer. Denkt es aber, taugt es nichts!›»

32. «Auch Aristoteles ist zeitlos: ‹Das Männliche ist von Natur zur Leitung mehr geeignet als das Weibliche.›»

33. «War ich gut?»

Crashkurs Mann: In fünf Schritten zum Testosteron-Toni

1. Lass dich von Feministinnen und ihren domestizierten Weich-eier-Freunden nicht beirren: Männer sind von Natur aus über-legen. Punkt.

2. Die Revue-Tänzerin auf deinem Bizeps-Tattoo ist eine heiße Schnitte – stell sie ebenso freizügig zur Schau wie in der Sauna alles, woran du hängst.

3. Lass dir in deinen Spenderausweis den Zusatz notieren: «Dieses Blut enthält einen überdurchschnittlich hohen Anteil an Testosteron.»

4. Ergötze dich an dem, was du von dir gibst, und trau dir alles zu. Selbstzwei-fel sind für Luschen.

5. Perfektioniere den Satz «Du willst es doch auch», bis er dir flott über die Lippen geht.

Manntra von Glenn O'Brien
«Jeder kann einen Penis, zwei Hoden und ein Y-Chromosom haben. Du magst ein Mann sein, formal betrachtet, aber das reicht nicht mehr. Sei ein ganzer Mann – das volle Programm.»
(Der Autor 2011 in seinem Buch «How To Be A Man»)

Expedition ins Frauenreich

(1)

Augenblick mal, Lady!

Ich schau dir in die Augen, Kleines. Aber davor schaust du weg. So läuft das meistens. Frauen ziehen gerne Blicke auf sich, wollen bewundert, gemustert oder wenigstens wahrgenommen werden. Aber wenn es um die Erwiderung von den herbeigesehnsüchtelten Blicken geht, werden Frauen zu Katzen: Schauen weg, stolzieren weg, an Schnurren nicht zu denken. Noch nicht. Denn das gehört zum Spiel. Also alles: Sind sie flirtbereit, schauen sie neckisch weg; sind sie nicht flirtbereit, schauen sie demonstrativ weg. Weg ist weg. Aber das Weg ist das Ziel! Dieses schwer zu durchschauende Schau-Spiel ist eines meiner Lieblingsphänomene aus der Welt der Doppel-X-Trägerinnen. Und der Weg zum Frauen-in-die-Augen-Schauen ist weit, aber er lohnt sich.

Natürlich soll der Wegschaureflex, sofern er nicht Unsicherheit, Angst oder Desinteresse geschuldet ist, zum Ausdruck bringen: Du musst dir schon mehr einfallen lassen, fremder Mann, also umwirb mich, lächle, sprich mich an, aber glotz nicht so! Manche Exemplare, meist sind es forsche junge Wegschauwesen, kriegen das mit dem Blick-Ignorieren noch nicht so gut hin. Da verrutschen die Pupillen – Interesse vorausgesetzt – in die äußersten Augenwinkel, wenn man sie en passant betrachtet. So weit, bis der Körpergott sie ermahnt: Bis hierher und nicht weiter, sonst dreht ihr noch durch. Kennt ihr das? Dieses naive Rollen ist mindestens sexy. Und es beweist: Neugierig sind Blickefrauen meistens, auch wenn es nicht immer so aussieht. Und irgendwann, das könnt ihr mir ruhig glauben, kehren geflohene Blicke zurück, früher oder später. Ein anderes Augenrollen dagegen ist suboptimal: das demonstrative Augenrollen. Meist folgt es einer wegwerfenden Geste, einem dumpfen Spruch oder einem scheinbar endlosen Gaffen und bedeutet in der Regel nichts weniger als das vorzeitige Aus des Flirts. Vom «inneren Augenrollen», wie eine Exkollegin die heimliche Abneigungsregung bezeichnet, ganz zu schweigen.

Ist der Augenkontakt aber erst einmal hergestellt, ja, flackert womöglich ein Hauch von Freude im Frauengesicht auf, begleitet von einem Lächeln, das selbstbewusst als Interessensindikator gewertet werden darf, sollte man den Augenblick nicht allzu lange genießen (auch wenn das Grübchen, das Strahlen und das makellose Make-up noch so bewundernswert sind). Es gibt professionelle Aufreißer, die sprechen von der Drei-Sekunden-Regel, andere halten diese für überholt, aber fest steht: Zu viel Zeit darf nicht verstreichen, und den Blicken müssen Worte folgen. Sonst schleicht die Katze zum nächsten Betrachter. Verbale Kommunikation ist das A und O, wer nicht reden kann, wird weiterschweigen. Und zwar allein.

Gelingt jedoch ein zwangloses, zweiseitiges Gespräch – über welches Thema auch immer –, so naht der Augenblick der begründeten Hoffnung. Der begründeten Hoffnung auf mehr. Ich schau dir in die Augen, Kleines. Und du rennst nicht weg.

Manntra von Peter Sellers
«Ein Gentleman ist ein Mann, der eine Frau so lange beschützt, bis er mit ihr allein ist.»
(Der Schauspieler lebte von 1925 bis 1980)

33 Gründe, warum Frauen wundervoll sind (manchmal)

Männer lieben Frauen. Männer hassen Frauen. Am liebsten schimpfen Männer über Frauen. Warum ist das so? Seid ihr nicht unglaublich? Unglaublich gut?

1. Ihr seid so unverkrampft kommunikativ (auch wenn das unverkrampft Kommunikative meist kein Ende findet).
2. Ihr seid so ungehemmt emotional (heult ihr jetzt vor Glück?).
3. Ihr weint ungeniert (ohne euch stünde Tempo vor dem Konkurs, und wir wären als Tröster überflüssig).
4. Ihr bringt uns zum Weinen (das schafft sonst nur Fußball).
5. Ihr seid ebenso wenig multitaskingfähig wie wir (aber ihr seid trotzdem davon überzeugt, es zu sein – das ist süß).
6. Ihr habt den Überblick (wie könnt ihr euch nur immer merken, wo all die Dinge sind?).
7. Euch reicht so wenig zum Glück: die beste Freundin (die ihr morgen vielleicht schon hasst), ein Chai Latte mit Sojamilch und täglich neue Emoticons bei WhatsApp.
8. Ihr fördert die Wirtschaft, indem ihr das Geld, das durch die Tür hereinkommt, zum Fenster wieder hinauswerft.
9. Ihr seid der Grund, warum wir bessere Menschen werden wollen (falls wir das wollen).
10. Ihr seid keine Heiligen (aber die raffinierteren Unheiligen).
11. Ihr interessiert euch für eure Mitmenschen (interessiert euch das wirklich alles?).
12. Ihr beherrscht die Kunst der Fürsorge.
13. Ihr sorgt euch nicht nur um eure Gesundheit, sondern auch um die eures Partners.
14. Ihr geht zum Arzt und lebt länger (wann war ich eigentlich das letzte Mal bei der Vorsorge? War ich je dort?).

15. Ihr ernährt euch bewusst (auch wenn euch nicht immer bewusst ist, dass Genuss Glück bedeutet).
16. Euer Strahlen färbt auf uns ab.
17. Ihr himmelt uns an (aus taktischen Gründen, schon klar, aber egal).
18. Ihr seid weich und warm (ist euch deshalb immer kalt?).
19. Ihr habt die schöneren Füße (dennoch kein Grund, Flip-Flops zu tragen!).
20. Heels heben euch auf ein Podest, sodass wir euch bewundern müssen (ob wir wollen oder nicht).
21. Auch ohne Stöckelschuhe ist euer Gang meist göttlich.
22. Mit euren sexuellen Reizen könntet ihr Narren aus uns machen (ihr zögert nicht, es zu tun).
23. Ihr könnt immer (wollt aber nicht immer) – wir wollen immer (können aber nicht immer).
24. Ihr liebt ganz und gar (und mit Liebe meint ihr Liebe und nicht Sex).
25. Nur ihr könnt die Augen im Vorbeigehen so elegant-dezent verdrehen.
26. Neugier ist weiblich.
27. Viele von uns unterschätzen euch noch immer (gut für euch!).
28. Ihr habt euch emanzipiert und um eure Gleichberechtigung gekämpft (wir müssen uns erst noch emannzipieren).
29. Viele sagen, euch gehört die Zukunft.
30. Ihr bringt Kinder zur Welt (wir haben keinen Schimmer, was das wirklich bedeutet).
31. Ihr seid der Ursprung. Am Anfang waren wir alle Frauen.
32. Herrschaftszeiten, ihr habt das Doppel-X.
33. Euch fielen noch viele weitere Punkte ein (über eure Macken wollt ihr besser nicht reden).

Crashkurs Frau: In fünf Schritten zur Lady

1. Stimme Farbe, Muster und Stärke deiner Nylons stets mit der Absatzhöhe der Pumps, dem Schnitt des Kleides und der Intensität des Eyeliners ab; die Strümpfe, selbstverständlich Markenware, ziehst du ausschließlich mit speziell gefertigten Handschuhen an, nachdem du sie nachts in den Kühlschrank gelegt hast, um Laufmaschen zu verhindern.

2. Perfektioniere den doppelten Beinüberschlag: Die Spitze deines bestickten Samtslippers schiebt sich nach dem Übereinanderlegen der Schenkel hinter das Standbein und verharrt dort bequem (bist du zu klein dafür oder schmerzt deine Wade, lächle den Ärger dezent weg).

> **Manntra von Jim Carrey**
> «Hinter jedem großen Mann steht eine Frau, die mit den Augen rollt.»
> (Ausspruch des Schauspielers im Film «Bruce Allmächtig» von 2003)

3. Halte deinen Sektkelch mit Veuve Clicquot Rosé, den du auf die neue Herbst-/Winter-Kollektion von Chanel erhebst, stets am Stiel fest (alles andere wäre stillos).

4. Die Mode- und Benimmfragen, die auf deinem Lieblingsblog Lady-Blog.de aufgeworfen werden, beantwortest du, ohne mit der frisch betuschten Wimper zu zucken.

5. Verweigere dich jedem Mann, der bei seinem Werben um dich nicht die zerrissene Tiefgründigkeit eines Mr. Darcy erreicht, als dieser in Jane Austens «Stolz und Vorurteil» seinen Antrag formuliert (ein Buch, das du selbstverständlich auswendig kannst).

Thesen zum modernen Machismo (3)

Für den modernen Machismo sind Gleichberechtigung und Emanzipation Selbstverständlichkeiten. Der moderne Machismo lehnt jede Form von sexueller Belästigung ab und nimmt die #aufschrei-Debatte ernst.

Die 33 größten Irrtümer über Männer

Männer sind so. Was für ein bescheuerter Satz. Denn eigentlich sind wir ganz anders. Ein Festival der Missverständnisse.

1. Natürlich sind wir gute Zuhörer (lasst einfach ein paar Füllsätze weg, dann verlieren wir nicht so leicht den Faden, weil es unfassbar anstrengend ist, wenn sich ein Wortgebilde, du weißt schon, so überflüssig in die Länge zieht, als wäre der Punkt eine seltene, ach, was sag ich, überhaupt keine Option, und sich deshalb Wichtiges und Unwichtiges zu einem Brabbelbrei vermengt, äh, was hast du gesagt?).
2. Der Vorwurf, wir würden Frauen primär auf Brüste und Hintern glotzen, ist Quatsch (auch Beine sind ein guter erster Anziehungspunkt).
3. Dass wir jedem Rock hinterherschauen, ist ebenfalls Blödsinn (vielmehr interessieren uns die Schenkel, die darin stecken).
4. «Je nackter, desto besser» ist ein Gerücht. Wir lieben es, wenn ihr euch stilvoll verpackt.
5. Wir schauen euch nicht nur gerne beim Ausziehen zu, sondern auch beim Anziehen.
6. Auch wir mögen schöne Schuhe (wir kreischen nur nicht wie ihr beim Zalando-Mann).

7. Nicht alle Männer hassen shoppen (aber sie sehen das nicht als Event oder verabreden sich dazu, sondern tun es einfach).

8. Fast alle Männer hassen Prosecco (sie trinken nur aus Höflichkeit mit).

9. Große Brüste sind überschätzt (kleine nicht).

10. Positive Ausstrahlung ist unterschätzt (negative nicht).

11. Modelmaße werden falsch eingeschätzt.

12. Hungerhaken sind weniger sexy, als Frauen denken.

13. Männer mögen Botox-Baustellen weniger, als Frauen denken.

14. Männer mögen Duckface weniger, als Frauen denken.

15. Männer mögen Küssen mehr, als Frauen denken.

16. Männer mögen Ladys in Strumpfhosen mehr, als Frauen denken.

17. Männer denken mehr, als Frauen meinen.

18. Männer meinen mehr, als Frauen denken.

19. Männer sind komplizierter gestrickt, als ihr denkt. Von wegen: blond, schlank, lange Beine, Strapse. Auch das wäre in Ordnung: brünett, schlank, lange Beine, Strapse. Oder, ganz ausgebufft: schwarz, schlank, lange Beine, Strapse.

20. Männer vergleichen Penisse seltener, als Frauen denken (und als Frauen das tun).

21. Wir wissen, was ihr tut, wenn ihr zu zweit auf der Toilette verschwindet.

22. Nein, die Klein-Mädchen-Masche zieht bei uns nicht (und wenn, dann war sie ziemlich überzeugend inszeniert).

23. Große Frauen schüchtern uns nicht ein, sie lassen uns wachsen.

24. Dass wir nicht nach dem Weg fragen wollen, hat nichts damit zu tun, dass wir uns nicht helfen lassen möchten (die meisten Befragten schicken einen eh in die falsche Richtung).

25. Wissen, wo die Dinge sind, gehört sehr wohl zu unseren Stärken (es kommt nur auf die Wichtigkeit der Dinge an).

26. Leiden kommt von Leidenschaft (vergesst das nicht, wenn wir krank sind und jammern).

27. Es ist ja nicht so, dass wir Multitasking nicht beherrschen würden, vielmehr lehnen wir das Prinzip aus gesundheitlichen und buddhistischen Gründen ab.

28. Ob es uns schwerfällt, Fehler zuzugeben? Schätze nicht (wir machen ja kaum welche)!

29. Selbstredend lesen wir auch die Texte im *Playboy*. Mann will doch wissen, wie die Playmates heißen.

30. Wohl gibt es Traumfrauen – wir lieben sie! Das Beste an ihnen: Sie sind nach dem Aufwachen verschwunden.

31. Männer denken keineswegs stündlich an Sex – sie tun es öfter.

32. Männer tun es öfter, als Frauen denken.

33. Wir können auch ernst (aber nicht in dieser Liste).

Crashkurs Paar: In fünf Schritten zum Oldschool-Ehepaar

1. Sorge rechtzeitig dafür, dass deine Frau keinerlei Chance auf irgendeine Karriere hat; schmeichle ihr damit, dass ihre wahre Bestimmung in Küche, Kinderzimmer und Bett liegt.

2. Verdiene ausreichend Zaster, damit du deiner Gattin zum Zehnjährigen zwei Wochen Cluburlaub in der Domrep spendieren kannst, wo sie immer schon mal hinwollte, du sie aber jede Sommerferien aufs Neue mit Kreta vertröstet hast.

3. Die Kiesauffahrt deiner Doppelgarage nebst Vorstadtreihenhaus muss knirschen, wenn du allabendlich zur selben Zeit einparkst, während dich deine Frau mit den Worten empfängt: «Essen ist fertig.»

4. Gegessen wird, was auf den Tisch kommt.
5. Du bist der Entscheider im Haushalt, trage den Titel mit Stolz und hoher Nase (die Tatsache, dass deine Frau im Hintergrund die Fäden zieht, wischst du mit einer Handbewegung weg, die du an deinem Android geübt hast).

Expedition ins Pärchenreich

(1)

Das Schweigen der Feigen

Ob Til Schweiger einer ist? So richtig kann ich mir das nicht vorstellen, aber wer weiß schon, wie Promimenschen wirklich ticken (niemand weiß das, auch nicht bunte Gala-Magazine mit hohem Bild-Faktor). Wenn ihr mich fragt, gehört Til Schweiger zu den Männern, die das Maul aufmachen, wenn ihnen etwas nicht passt (und sehr wahrscheinlich für ihren Standpunkt kämpfen). Mein Freund Rolf dagegen hat das längst aufgegeben, also das Aufbegehren, und daran ist Jolanda schuld, seine Lebensgefährtin, womit wir beim Thema wären. Ich behaupte ja, dass alle Beziehungsmänner irgendwann zum Schweiger werden. Nicht zum Til, das wäre wenigstens lustig, einfach nur zum Schweiger.

Rolf ist so einer. Da kann Jolanda noch so viel an ihm herumnörgeln, ihm dieses und jenes in seinen imaginären Beziehungsterminkalender diktieren – mein guter Freund hat sich festgeschwiegen in seiner scheinbaren Buddhahaftigkeit. Früher, das könnt ihr mir ruhig glauben, hat sich Rolf nicht so leicht die Butter vom Brot nehmen lassen. Da hat er gestenreich und lautstark mit Jolanda diskutiert; jede Meinungsverschiedenheit, jede auseinanderdriftende Wochenendplanung, jede konträr geartete Urlaubsidee wurde bis ins kleinste Detail auf etwaige Schwächen zerpflückt. Ein Wortgewitter mit Gedankenblitzen. Und die Beziehung war ein Wetterleuchten. Irgendwann wurde Rolf müde – und Jolanda nicht. Seitdem setzt sie sich durch, ohne dass er vorher sein tägliches Wörterbudget aufgebraucht hätte.

Warum muss es so weit kommen? Warum ziehen sich so viele Beziehungsmänner in sich zurück und überlassen das Zer-, Herum-, Ein-, Aus- und Aneinandervorbeireden irgendwann der

Partnerin? Ich habe einen Verdacht: Frauen suchen den Konflikt, Männer die Wurschtigkeit. Frauen nörgeln herum, Männer hängen herum. Also in Gedanken. Womöglich liegt das in ihrer Sozialisation begründet (damit lässt sich jede These unterfüttern, nicht wahr?). Weil Mädchen noch immer mehr Schwierigkeiten ausgesetzt sind als Jungs, trauen sie etwaigem Frieden auch als Frau nicht. Ein Kompromiss ohne Streit? Eine Lösung ohne Diskussion? Kann nicht sein. Eine Zwistsucht mit Spätfolgen. Erschwerend kommt noch der dauerhafte Drang zum Reden hinzu. Was, wenn die beste Freundin keine Zeit hat zu telefonieren und bei der Kollegin ständig besetzt ist? «WhatsApp» ist auch keine Lösung. Also muss der Freund herhalten. Bis er zum Schweiger wird – und beide verlieren.

Als Zeichen, dass der Eintritt in die Schweiger-Phase direkt bevorsteht, gilt übrigens die Killerfloskel «Da bin ich ganz bei dir» (gerne verstärkt durch ein «Schatz» vor dem «Da»). Männer, die das sagen, verabschieden sich von der Herausforderung, bei wichtigen Entscheidungen ein Wörtchen mitzureden. Sie sind dann ganz bei ihr (und nicht mehr ganz bei Trost). Der Rest ist Schweigen.

Thesen zum modernen Machismo (4)

Der moderne Machismo akzeptiert und fördert Chancengleichheit im Beruf. Der moderne Machismo hat kein Problem mit Partnerinnen, die mehr verdienen.

33 Dinge, die moderne Paare endlich kapieren sollten

Schon klar, Paare haben's nicht leicht. Aber einige Regeln sollten längst klar sein. Möchte man meinen.

1. Wer den Partnerlook wählt, hat sein Ich abgehakt (und den Geschmackssinn. Und den Sex. Und das Leben).
2. Ihr seid Wir, so weit, so gut, aber jedes Wir besteht aus mir und dir – also lasst euch noch alleine zu.
3. Drückt dem anderen nicht euren Rhythmus auf.
4. Tanzt nicht nach der Pfeife des anderen.
5. Nehmt euch, wie ihr seid (den anderen inspirieren: ja, den anderen verbiegen: nein).
6. Wer Freiraum sät, wird Nähe ernten.
7. Redet nicht über Sex, sondern tut es.
8. Tut es gut.
9. Tut euch gut.
10. Begehrt euch.
11. Streitet euch hart, aber fair (und schlichtet).
12. Lacht miteinander und über euch selbst.
13. Überrascht euch.
14. Springt über eure Schatten.
15. Hört nie auf zu liebesfunkeln.
16. Lasst euch nicht gehen (sonst wird der andere gehen).
17. Fordert euch heraus und schont euch nicht.
18. Sprecht an, was euch stört.
19. Hört einander zu und interessiert euch.
20. Bereichert und ergänzt euch.
21. Macht euch Komplimente (neue, konkrete, schwärmerische).
22. Nennt euch nicht Schatz, Bärchen oder Hase (schafft eine einzigartige Welt, die nur euch gehört).

23. Verweigert euch dem Valentinstag (schafft individuelle Momente).
24. Nehmt das unverschämte Glück der Liebe nicht als selbstverständlich hin, sondern lernt es zu schätzen und zelebriert es.
25. Wenn ihr zusammen seid, liebt euch wie keine(n) zuvor.
26. Erst fällt das «e» weg, dann die Leidenschaft, irgendwann stehst du alleine da. Also sagt «Ich liebe dich», nicht «lieb dich» oder «hab dich lieb».
27. Respekt muss man sich verdienen, schon klar. Aber wenn ihr verlernt, euren Partner zu respektieren, sagt die Liebe leise servus!
28. Auch wenn die Frau meist kleiner ist, sucht die Augenhöhe. Beide.
29. Fragen, die mit «Magst du» beginnen, sind auf Schleim gebettete Befehle (mögt ihr das bitte einstellen?).
30. Haushalt ist nicht Frauensache. Kindererziehung auch nicht.
31. Der Schuhschrank ist für beide da.
32. Lernt, Kompromisse zu akzeptieren, sonst wird die Liebe zum faulen Kompromiss.
33. Sie soll ganz Frau sein, er soll ganz Mann sein: Eman(n)-zipiert, gleichberechtigt und einzigartig.

Crashkurs Mann: In fünf Schritten zum Nerd

1. Schau dir die gesamte Staffel «The Big Bang Theory» zehnmal hintereinander an und lerne, wie raffiniert Sheldon Penny um den Finger wickelt. Bazinga!
2. Beherzige den Männertipp «Mach dich rar» und programmiere nachts an deiner neuen iPhone-App.

3. Gib dir Mühe und schenke Frauen nicht das Gefühl, sie wären deinem IQ nicht gewachsen (auch wenn du vom Gegenteil so überzeugt bist wie Bill Gates von Windows, das du allerdings für den größten Irrtum des 20. Jahrhunderts hältst).

4. Finde dich damit ab: Berührungen unter Freunden gehören nun einmal zu alltäglichen Umgangsformen (warum gibt es Desinfektionsmittel?).

5. Entwickle einen Bug-freien Algorithmus zur Frage, ob es tatsächlich mehr Vor- als Nachteile hat, eine Freundin zu haben. Asap!

Manntra von Wiglaf Droste
«Der Partnerlook ist die Sichtbarmachung der Enteierung des Mannes.»
(Der Schriftsteller 2008 in den Stuttgarter Nachrichten*)*

ProtoTypen

(2)

Der Dude

Manche Männer haben es einfach drauf. In dieser Reihe geht es um zeitlose Typen, von denen wir viel lernen können. Teil 2: der Dude.

Wer ist der Typ? «Dude» heißt eigentlich Kerl oder Kumpel. Aber seit dem Film «The Big Lebowski» (1998, Regie: Coen-Brothers) ist der Dude zum Synonym für eine sehr spezielle männliche Lebensform geworden. Jeff Bridges, der den lässigen Freigeist in der Rolle seines Lebens verkörpert, sagte einmal: «Der Typ hatte jedenfalls ein paar Lösungsangebote für Männer parat, das ist mal klar.» Der Mann, der mit Sonnenbrille, Bademantel und Plastikschlappen in den Supermarkt schlurft, um die Milch direkt am Regal leer zu süffeln, ist zum Inbegriff des Aussteigers geworden. Zum Systemverweigerer par excellence.

Was hat er zu sagen? Der Dude hält keine Vorträge, seine Weisheiten versteckt er zwischen befreienden Fluchtiraden: «Yeah, well. The Dude abides» (auf Deutsch: «Der Dude besteht fort»; in der deutschen Fassung schlampig übersetzt mit: «Der Dude packt das!»). Gleichwohl rückt er Dinge zurecht, wenn es etwas klarzustellen gibt: «Sie ist nicht meine Herzallerliebste! Sie ist nur 'ne Freundin, mehr nicht! Ich helf ihr bloß, schwanger zu werden!»

Was können wir von ihm lernen? Klar: Der Dude ist ein arbeitsloser Antiheld, er säuft, kifft und hört Walgesänge in der Badewanne. Aber er zeigt auch, wie befreiend es sein kann, sich gehenzulassen und gelassen durchs Leben zu schleichen. Der Dude zelebriert eine amerikanische Art des Buddhismus – das 2013 von Jeff Bridges und Bernie Glassman veröffentlichte Buch «The Dude And The Zen Master» bestätigt die Nähe der beiden Entwürfe des Seins. Buddhisten schätzen die Filmfigur für ihre pazifistische Haltung: Der Dude sei so Zen wie kaum ein anderer, so der Tenor. Auf Dudeism.com wird er gar wie eine Religion gefeiert.

Und weitere Inspirationen fürs Mannsein? Der Dude gehört – wenn überhaupt – nur sich selbst, lebt bedingungslose Freiheit. Und er steht zu sich selbst – egal, was die anderen von ihm halten oder über ihn sagen. Große Tugenden, die es zu verinnerlichen gilt.

Inspirationsfaktor auf der nach oben offenen Machismoskala: **8 von 10 White Russians**.

Crashkurs Frau: In fünf Schritten zum Cougar

1. Erkläre Unwissenden mit lasziv anmutender Gelassenheit, dass «Cougar» Puma heißt und für ältere Frauen steht, deren Beute wesentlich jüngere Männer sind (handelt es sich um Typen zwischen 18 und 24, die die Frage stellen, vernasche sie, noch während sie darüber nachdenken).

2. Lächle milde über den Schönheitswahn junger Frauen; was sind schon straffe Haut und knackige Körper gegen einen sexuellen Erfahrungsschatz, von dessen Existenz die naiven Dinger keinen Schimmer haben?

3. Treibe übereifrige Lover mit deinem langsam schnurrenden Motor in den liebestollen Wahnsinn; wechsle sie, sollten sie sich als nicht lernfähig erweisen.

4. Ärgere dich, weil du mindestens ein Liebesspiel mit dem knackigen Praktikanten verpasst, während du in diesem Büchlein schmökerst, in dem ja doch keine guten Sextipps stehen.

5. Bist du noch keine Frau älteren Jahrgangs, vertreibe dir die Jahre bis dahin mit Lesen, Reisen, Karriere – tröste dich: Deine Zeit wird kommen!

Thesen zum modernen Machismo (5)

Der moderne Machismo bedeutet Machismo im besten, nie dagewesenen Sinne: Er inspiriert zur Freude am Mannsein und hat es nicht nötig, sich über das andere Geschlecht zu erheben. Männlichkeit ist großartig – Weiblichkeit auch. Also steht dazu, beide!

33 Frauendinge, die Männer wissen sollten (um mitreden zu können)

15 den? 75 C? French Nails? Die Welt der Frauen ist voller Rätsel. Gut dran sind Männer, die Bescheid wissen.

1. Ach du gute Schnute: Als Selfie bezeichnet man eine Art Selbstporträt, das üblicherweise mit dem Smartphone aufgenommen wird und bei jungen Frauen meist in direktem Zusammenhang mit einem Schmollmund steht.

2. Wenn junge Frauen von ihrer Sis sprechen, meinen sie damit ihre Freundin (nicht ihre Schwester).

3. «True Blood» ist keine Designerdroge, sondern eine blutrünstige Vampirserie, die Frauen high macht.

4. Mr. Big, Mr. Darcy & Co. mögen Kunstfiguren sein, aber irgendwo da draußen gibt es sie wirklich. Wer dem widerspricht, muss alle «Sex & The City»-Staffeln am Stück schauen und Jules-Mumm-Sekt dazu trinken.

5. Frauen lieben Hugo (nein, nicht den Fitness-Instructor aus dem Zumba-Club, sondern den aus Prosecco und Holunderblütensirup).

6. Bei Weight Watchers zählen die Punkte, bei Dukan die nicht verspeisten Kohlenhydrate, und bei Logi geht es um den Blutzuckerspiegel. Logisch, oder?

7. Goodbye, Logik (1): Ohne Nutella im Haushalt kannst du dir eine Beziehung in die Haare schmieren

8. Goodbye, Logik (2): Auch wenn es nicht so aussieht – die Handtasche ist stets gut sortiert (ja, all der Kram gehört da rein).

9. Goodbye, Logik (3): Auch wenn es nicht so aussieht – das Ankleidezimmer ist stets gut sortiert (ja, all der Kram gehört da rein).

10. Frauen gehen·nicht unbedingt deshalb zusammen auf die Toilette, um sich das Maul über die anderen zu zerreißen.

11. Reden ist immer gut ist immer gut ist immer gut (niemals aufhören damit, Weiterreden ist immer gut ist immer gut ist immer gut).

12. Gemeinsam zu schweigen und sich dabei gut zu fühlen, kann auch eine Lösung sein (auch wenn sie es nicht lange durch-halten wird).

13. Gefärbte Wimpern machen noch kein Volumen (und es geht hier nicht um Lautstärke).

14. Wenn sie vor Rührung weint, musst du (ausnahmsweise) keine großen Worte machen. Reiche ihr ein Taschentuch oder biete ihr deine Schulter an – das reicht.

15. Wenn Frauen, vornehmlich fernsehunscheue Modelanwärte-rinnen, kurz davor sind loszuheulen, wedeln sie gerne Luft auf ihre Augen. Das ist sinnlos, aber lustig.

16. Ein Glätteisen zähmt widerspenstige, wellige Haare (und hat nichts mit Waffeln zu tun).

17. Pediküre ist für die Füße, Maniküre für die Hände (nein, dieses Wissen ist nicht für den Arsch).

18. French Nails zeichnen sich durch weiße Nagelspitzen aus (mit Stahlnägeln aus dem Baumarkt haben sie nichts zu tun).

19. Auch Stilettos gibt es nicht bei Obi, die bringt zum Beispiel der Zalando-Mann.

20. Mules sind keine Muscheln, sondern ebenfalls Damenschuhe.

21. Nude ist ein Hautton und hat nichts mit Nacktsein zu tun (sorry!).

22. Der Unterschied zwischen Strümpfen zum Strapsen und Halterlosen ist die Tatsache, dass Halterlose von allein am Bein halten (Stay-ups auf Englisch).

23. Nylon ist – im Gegensatz zur natürlichen Seide – eine Kunst-faser, deren chemische Bezeichnung so leicht zu merken ist,

wie einen Strumpf am Strapsgurt zu befestigen: Polyhexa-
methylenadipinsäureamid.

24. Die den-Zahl beziffert die Stärke des Feinstrumpf-Garns (von
Denier).

25. Beim Häkeln braucht man eine Nadel, beim Stricken zwei
oder mehr.

26. Das 75 bei der BH-Größe ist die Unterbrustbandgröße, das C
die Körbchengröße (merk dir das, du Korbsammler!).

27. Ein Tanktop hat nichts mit Panzern zu tun, sondern mit Ober-
bekleidung (die freilich auch wie Waffen wirken können).

28. Es gibt mehr Waffen der Frauen, als du denkst.

29. Hunger, Pipi, kalt – so sind Mädchen halt (gilt für jung und
alt).

30. Es heißt Asanas, nicht Ananas.

31. In der Regel wird die Pille 21 Tage eingenommen, dann folgt
eine Woche Pause. Das ist für DIE Regel.

32. Selbstverständlich verstehen Frauen die Abseitsregel (sie
wollen sie sich nur nicht merken und immer wieder erklären
lassen).

33. Natürlich kommt es auf die Größe an (auf die des Diamanten
im Verlobungsring auf alle Fälle).

Crashkurs Mann: In fünf Schritten zur Lusche

1. Heul doch, weil du nicht über deine Ex hinwegkommst.
2. Heul doch, weil du keine Ex hast.
3. Heul doch, weil der Testosteron-Toni neben dir deine Begleitung angräbt – und ihr nun schon zum dritten Mal ein Lächeln entlockt.
4. Heul doch, weil sie im Bett sagt: «Das kann doch jedem mal passieren.»
5. Heul doch, weil du nicht weißt, wie du fluchen sollst, während du das hier liest.

Expedition ins Männerreich

(2)

Heul doch (nicht)!

Natürlich dürfen Kerle weinen – sie sollten sich nur nicht dabei erwischen lassen. Willkommen beim Paradoxon des modernen Mannes, das in diesem Satz seine tränenverschmierte Fratze zeigt. Ist doch so: Einerseits wünschen sich kultivierte Mitmenschen (nicht nur metrosexuell Verwirrte, vor allem richtige Frauen) den selbstverständlich sensiblen Zeitgenossen; andererseits umgibt die emotionale Supernova noch immer die Aura der Lusche. Oder kennt ihr eine Frau, die einem Rendezvous-Partner ihre Nummer gibt, nachdem er ihr unter Tränen von der Trennung seiner Ex vorgejammert hat? Die einen Anzugträger attraktiv findet, der nach seiner Kündigung losheult wie ein Vierjähriger, dem ein aufmüpfiger Fruchtzwerg seinen Pausensnack weggefuttert hat? Eben!

Männer und Gefühle, das ist wie Frauen und Maschinen (#aufschrei, schon klar, aber ich bin noch nicht fertig). Seit vielen Jahren schließen sie Frieden miteinander, aber nicht alle trauen dem Pakt. Zu lange waren sie auf dem Kriegsfuß, weil gesellschaftliche Konventionen eine Annäherung verhindert hatten. Inzwischen laufen Informatikerinnen und Astrophysikerinnen ihren männlichen Kollegen den Rang ab – und Elternzeitpapis plaudern ungefiltert über Freud und Leid ihrer Gefühlswelt, während sie heulend die Schalotten für den Tofu-Walnuss-Salat schnippeln und James Blunt jaulend den Takt vorgibt. Doch während der Siegeszug der Frauen von Freunden der Gleichberechtigung umjubelt wird (die Borniertheit der Testosteron-Tonis einmal ausgeklammert), sind Gefühlsmänner noch immer nur theoretisch willkommen.

Denn das zeigt die Praxis: Frauen, das könnt ihr mir glauben oder nicht, unterscheiden zwischen solchen und solchen Männergefühlen. Akzeptiert und sehr erwünscht sind offenherzige Liebeserklärungen (Survival of the Kitsch), ehrliche (oder leicht übertriebene) Mitgefühlsregungen sowie Alpha-Softie-Skills beim aktiven Zuhören und Trösten; geduldet, wenn auch nicht herbeigesehnt, sind Tränen beim Fußball; unangenehm und unsexy sind emotionale Momente des Leids, etwa bei einer fiesen Erkältung, erlebter Ungerechtigkeit oder schlichtweg Überforderung. Da soll sich Mann mal nicht so haben, so der unausgesprochene Konsens.

Blöd nur, dass es genau darum geht: in Momenten der Schwäche diese auch zu zeigen. Das darf Mann zwar, so weit haben wir es längst gebracht, aber die Preise für respektvolle Akzeptanz und sexuelle Anziehungskraft gewinnen dann halt andere (in den meisten Fällen solche, die gequält halbgrinsen, statt ehrlich zu melancholieren). Weinende Frauen dagegen büßen an Weiblichkeit nicht ein, und ich frage mich, ob es einen Grund hat, warum es «die» Träne heißt und nicht «der». Dabei könnte die Sache so einfach sein: Tränen sind das Salz in der Suppe des Lebens. Allein, es kommt auf die Menge an, sonst wird es ungenießbar.

33 Sätze, die einen Mann als Weichei outen

Wenige Wörter, und schon ist Mann als Softie entlarvt. Schluss mit luschig! Wer diese Sprüche vermeidet, hat schon viel gewonnen.

1. «Ich hab's gleich, Schatz, muss nur noch meine Haare glätten.»
2. «Nenn mich nicht immer Bärchen, Hase!»
3. «Viele reden mit ihren Stofftieren!»
4. «Honeysuckle ist die Farbe der Saison.»
5. «Mintgrün lässt mich so blass aussehen.»
6. «Ohne Desinfektionsmittel geh ich nie außer Haus.»
7. «Ayurvedische Reisstempelmassagen könnte ich jeden Tag haben.»
8. «Seit ich Acro-Yoga mache, bin ich morgens nicht mehr so steif.»
9. «Ich kann mich nicht zwischen dem Salat mit der Brunnenkresse und der Spinat-Rucola-Variation mit Pinienkernen entscheiden.»
10. «Ich esse ja abends überhaupt keine Kohlenhydrate mehr.»
11. «Die neue Cosmo und eine Bionade bitte!»
12. «Ich weiß doch gar nicht, wie ich sie ansprechen soll.»
13. «Für mich zählen ausschließlich die inneren Werte.»
14. «Wir können auch einfach nur reden.»
15. «Sag mir, was ich tun soll.»
16. «Da bin ich ganz bei dir.»
17. «Das kann ich unmöglich alleine tragen, du weißt doch, ich hab Rücken!»
18. «Bist du dir sicher, dass da ein Pflaster reicht?»
19. «Ich mach die Spinne nicht weg, die ist voll eklig!»
20. «Kein Problem, Chef, ich kann das gerne übernehmen.»

21. «Nein, wir haben kein Problem, ich wollte eh gerade gehen.»
22. «Also, ich hab samstags um halb vier eigentlich immer Zeit.»
23. «Pep Guardiola? Wer ist Pep Guardiola?»
24. «Also der Mario Gomez von Stuttgart sieht schon klasse aus.»
25. «Ich sag immer: Hauptsache, mein kleiner Stadtflitzer fährt.»
26. «Das Wichtigste beim Reifenwechseln ist eine gute Werkstatt.»
27. «Die Parklücke ist doch viel zu klein.»
28. «Wozu brauche ich einen Bohrer? Das macht doch der Hausmeister!»
29. «Geh ruhig mit ihm aus, ihr seid doch Kollegen.»
30. «Helene Fischer kann schon was.»
31. «Ich weiß gar nicht, was ihr habt, der Markus Lanz ist doch ein Netter.»
32. «Die Landschaften bei Rosamunde Pilcher sind schon ein Traum!»
33. «Und wenn es doch kein Probealarm ist?»

Crashkurs Mann: In fünf Schritten zum Metrosexuellen

1. Rasier dir regelmäßig alle Haare (außer die am Kopf, die stylst du wahlweise zur gefärbten Seitenscheitelwelle oder zum geglätteten Strähnchenfransenlook).

2. Berate deine Freundin in Sachen Kosmetik und trainiere deinen Ehrgeiz, indem du Douglas-Verkäuferinnen dezent auf Produktneuheiten und -unterschiede hinweist.

3. Löse das letzte Rollenklischee in deiner Beziehung in Luft auf (und störe dich nicht daran, wenn sie es ist, die dich im Bett fragt: «Und, wie war ich?»).

4. Wenn James Blunt läuft, vergisst du die Welt; wenn Conor Oberst singt, fließen die Tränen.
5. Du platzt vor Gefühlen. Aber hey, du darfst ruhig öfter weinen als deine Freundin.

 ## Thesen zum modernen Machismo (6)

Der moderne Machismo ist kein Rückfall ins Archaische. «Jagen, Sex und Tiere essen» ist erlaubt und mitunter erwünscht, jedoch nicht aus Trotz, Abkehr oder Bequemlichkeit, sondern als Facette einer vielschichtigen Persönlichkeit.

33 Dinge, die moderne Väter endlich kapieren sollten

Schon klar, Väter haben's nicht leicht. Aber einige Regeln sollten längst klar sein. Möchte man meinen.

1. Habt Gnade mit eurem Baby und nennt es nicht Grace.
2. Lübbert und Wubke sind auch keine Lösungen.
3. Es gibt Namen, die kommen Emma wieder.
4. Andere sterben (Kl)aus.
5. Sprich normal mit deinem Kind, haddu verstanden?
6. Die Babysprache auf deine Beziehung zu übertragen, ist so erotisch wie Sex mit einem Schnuller im Mund.

7. Frag dein Kind niemals: «Was willst du? Sag mir, was du willst!» (woher sollte der Wurm die Antwort kennen, deine Frau weiß sie noch immer nicht).

8. Präpotentes Dahergerede kannst du dir ebenfalls sparen. Sätze wie «Ein Schuss, ein Treffer» outen dich schnurstracks als Testosteron-Toni.

9. «Also wir haben unseren Beitrag zur Evolution geleistet» sollte dir auch nie über die Lippen gehen.

10. Jugendsprache zu imitieren, um bei Kindern zu punkten, ist keine gute Idee (lass mal lieber stecken, du Stuhl!).

11. Nie vergessen: Ein Kind ist ein Wunder (auch wenn du manchmal dein blaues Wunder erlebst).

12. Übt euch in Geduld und buddhistischer Gelassenheit (Herrschaftszeiten, Kruzifix, was haben die Rotzlöffel jetzt wieder angestellt?).

13. Den Sohn schon vor der Geburt beim Lieblingsfußballverein anzumelden, erschließt sich den meisten Partnerinnen nicht auf Anhieb (mach es heimlich).

14. Vater zu sein bedeutet nicht, rund um die Uhr im Jogger herumzulaufen (lasst euch nicht gehen, sonst wird sie gehen).

15. Plötzlich Eltern zu sein, rechtfertigt nicht den Partnerlook (weder mit der Frau noch mit dem Kind).

16. Den fürsorglichen Daddy zu spielen, um fremden Frauen zu imponieren, ist mies (funktioniert aber).

17. Erzieht eure Kinder gleichberechtigt und emanzipiert (oder wollt ihr, dass euch später Machos und Zicken nicht besuchen?).

18. Überlasst die Erziehung nicht euren Frauen (es muss ja nicht samstags um 15.30 Uhr sein).

19. Grenzen sind dazu da, gesetzt zu werden.

20. Sei Kumpel, Vertrauter und Autoritätsperson in einem (sind wir nicht alle gespaltene Persönlichkeiten?).

21. Nehmt euch ein Beispiel an den meisten Müttern und lasst euch nicht für Selbstverständlichkeiten feiern.

22. Schon gehört? Elternzeit geht auch für Väter.

23. Spielen und Herumalbern ist super, aber Wäschewaschen, Hinterherwischen und Windelnwechseln sind auch Jobs, die zu erledigen sind.

24. Teenager aus Social-Media-Netzen ausschließen zu wollen, ist so wirkungsvoll wie das Anstupsen bei Facebook. Daumen runter!

25. Geh lieber mit gutem Beispiel voran und stelle nicht jeden Schnappschuss deiner Kleinen ins Netz.

26. Häng Fotos deiner Kinder lieber an die Wohnungs- als an die virtuelle Pinnwand.

27. Nein, der Buchmarkt braucht kein weiteres Selbsterfahrungsbuch.

28. Nein, auch keine Satire (außer vielleicht die: Mein unerhörter Versuch, kein Vaterbuch in der Elternzeit zu schreiben).

29. Sorry, den Titel «Wickelpedia» gibt es bereits.

30. «Stillleben» ist auch schon vergeben.

31. Zu viel Liebe gibt's nicht.

32. Sei ein Vater, keine Fata Morgana (ein feines Wortspiel des Songwriters Axel Bosse).

33. Yo, ihr schafft das!

> **Manntra von Daniel Craig**
> «Der Gentleman unserer Zeit steht für die Gleichberechtigung. Er respektiert das andere Geschlecht. Ohne Wenn und Aber.»
> (Der Schauspieler 2012 in einem Interview mit der GQ)

Crashkurs Paar: In fünf Schritten zu Glücksraucheltern

1. Der werdende Vater hat nach der frohen Kunde täglich «Wir sind schwanger» zu frohlocken, so lange, bis selbst die Mutter in spe daran zweifelt, ob tatsächlich nur sie den Nachwuchs zur Welt bringt.

2. Schlaf außerhalb des Büros sowie Sex innerhalb der Beziehung sind als Relikte der partnerschaftlichen Frühphase anzusehen und schleunigst jüngeren Mitmenschen zu überlassen.

3. Redet mit euren Noch-Freunden ausschließlich über Babynahrung, familienfreundliche Hoteltipps und asoziale kinderlose Paare; wenn diese aus ihrem armseligen Leben erzählen, wendet euch ohne schlechtes Gewissen sofort ab, wenn euer Kind die Aufmerksamkeit einfordert.

4. Lasst euer Kind ungebremst spielen, toben und schreien, gerne auch in Lokalen oder öffentlichen Verkehrsmitteln; jeder soll sehen, was für lebensbejahende Freigeister ihr erschaffen habt.

5. Inszeniert euer Kind auf Facebook, Twitter, Tumblr und Pinterest; euer persönliches Glück ist viel zu groß, um es nicht mit der ganzen Welt zu teilen.

Expedition ins Pärchenreich

(2)

Vater unser

«Wir sind schwanger!» Mit diesen Worten fängt es an, das Dilemma der modernen Väter. Einem der schlimmsten Sätze, die ein Noch-Mann aussprechen kann (noch vor «Da bin ich ganz bei dir», aber das hatten wir bereits). Dabei hat das Kind, das womöglich Peaches-Honeyblossom heißen wird oder Vanilla-Justin, das Licht der Welt voller Menschen mit Schatten noch gar nicht erblickt. Hauptsache, wir sind schwanger! Geht es nur mir so, oder bestätigt sich die Theorie immer öfter, dass sich Männer in der Rushhour ihres Lebens zum Affen machen, sobald der eigene Nachwuchs heranwächst? Vom Brusttrommler («Ein Schuss, ein Treffer») zum Sonntagsdaddy. Zum Sonntagsdaddy, der am liebsten die Brust geben würde, wäre er dazu in der Lage. Natürlich stillen wir! Schon klar. Gründet doch einen Jungs-Verein: Sportfreunde Stiller.

Damit wir uns nicht falsch verstehen: nichts gegen Väter! Väter sind super, also Väter, die sich wie Väter benehmen und nicht wie unreife Scheinhelden im Rampenlicht der Babybühne. Was mich als Nicht-Vater an Plötzlich-Vätern nervt, sind jene weit verbreiteten Exemplare, die sich nach der anfänglichen Wir-sind-schwanger-Euphorie aus der Früherziehung weitgehend verabschieden, selbst wenn – Gleichberechtigung sei Dank – beide Elternteile arbeiten. Wäre ja nicht weiter schlimm, soll doch jedes Paar selbst entscheiden, wie es sich arrangiert. Aber wenn die erfolgreichen DNA-Weitergeber, die sich aus der alltäglichen Verantwortung stehlen, dann auch noch Lob und Anerkennung erwarten, wenn sie am Feierabend, oder noch besser: vor den Augen befreundeter Auch-bald-Mütter, den Vorzeigepapi darstellen, dann klingelt bei mir die rosa-blaue Warnleuchte der Elternpolizei. Tolle Leistung, ihr Alpha-Ernährer!

Am besten, ihr schreibt ein Selbsterfahrungsbuch über eure Weltwunderleistung. Ein Kapitel darin sollte unbedingt davon handeln, wie ihr eurem dreijährigen Hosenscheißer Konversationen aufdrängt wie diese: «Napoleon, würdest du mir bitte erklären, was du nun wieder im Sinn hast?»

Moderne Mütter sind auch nicht besser, da braucht man sich nichts vorzumachen. Also einige sind großartig, bewundernswert, wie sie scheinbar en passant ein Kind nach dem anderen gebären, als wäre es ein, nun ja, Kinderspiel. Gelassen läuft's, diesseits und jenseits des Laufstalls. Hut ab dafür! Schlimm sind vor allem diese Kind-fixierten Scheuklappen-Mamis, kennt ihr die? Die nehmen nur noch sich und ihr schreiendes Bündel namens Mäuschen wahr (die Maus möchte ich sehen, die so brüllen kann). Ohne Rücksicht auf Verluste steuern sie ihre Designer-Kinderwagen über unschuldige Passantenfüße, schneiden Mitmenschen die Wege ab und schicken mit ihren übermüdeten Augen Giftblitze in Richtung derer, die es wagen, um Mäßigung zu bitten, wenn man vor lauter Gebrüll sein eigenes Wort im Restaurant nicht mehr versteht. Herrschaftszeiten, wir Kinderlose sind doch keine Randgruppe (oder etwa doch?).

Crashkurs Frau: In fünf Schritten zum Desperate Housewife

1. Stöckle auch dann noch in Killerheels und Abendkleid durch die Vorstadttristesse, wenn du zwei Schreihälse an der Möchtegernmodelbacke hast oder ein Tornado dein hypothekenbelastetes Reihenmittelhaus zerstört hat.

2. Um wieder Farbe in dein betoniertes Leben zu kriegen, style dich wie Bree Van de Kamp, schreib ein Kochbuch und verschleiße ein paar Ehen (und Hunderte Flaschen Chardonnay).

> **Manntra von Charles Baudelaire**
> *«Die Männer, die mit den Frauen am besten auskommen, sind dieselben, die wissen, wie man ohne sie auskommt.»*
> *(Der Schriftsteller lebte von 1821 bis 1867)*

3. Um dich nicht zu langweilen, organisiere ein Casting für den Job des Gärtners, mit dem du später eine blühende On-off-Affäre startest, die du selbstverständlich vor deinem Mann geheim hältst (baue dabei auf Rückendeckung durch deine Freundinnen, von denen du nicht allen trauen kannst).

4. Arrangiere einmal pro Woche einen Poker-Nachmittag mit deinen Nachbarinnen, um bei Kaffee mit Gin (oder Gin mit Kaffee) sowie selbstgebackenen Keksen einen Plan für die Geheimhaltung von Affären oder für die Beseitigung anfallender Leichen zu schmieden.

5. Solltest du erst drei Kinder haben, wird es Zeit, das vierte zu planen.

Thesen zum modernen Machismo (7)

Der moderne Machismo lässt Gefühle zu (das ist die Wahrheit. Die echte und die gefühlte).

33 Dinge, die das Kind im Manne wecken (und Frauen zum Staunen bringen – oder wenigstens zum Kichern)

Jungs haben's drauf. Was sie können, sollten auch Männer nicht vergessen. Bleibt schelmisch, Freunde!

1. Lerne, auf einem Grashalm zu pfeifen (betone mehrfach, dass du weder Landstreicher noch Salatesser bist).
2. Bringe eine Flaschenpost im Fluss deiner Stadt auf den Weg (und stelle der Finderin ein Picknick am Ufer in Aussicht – falls es ein Finder ist, wechsle ans andere Ufer).
3. Lasse Steine über den See springen (wer weniger als fünf schafft, wird ins Wasser geschubst).
4. Stell dich auf ein Skateboard und trainiere den «Ollie» (ohne dich zum Horst zu machen).
5. Baue ein Zelt stets selbst auf (wenn du nicht campen gehst, errichte es im Garten deiner Vorstadtvilla).
6. Bringe deinem Papagei Begrüßungsworte für Besucherinnen bei: «Du bist nicht dick!» (wahlweise: «Zieh dich schon mal aus!»).
7. Lerne, ein Telefonbuch in der Mitte durchzureißen (sich auf Apps oder Websites zu berufen, gilt nicht als Ausrede – die Wälzer gibt es immer noch).

8. Dass sich alte Straßenlaternen mit einem Fußtritt verdunkeln lassen, wissen Landkinder aus eigener Erfahrung (alle anderen sollten es mal ausprobieren).

9. Schnapp dir einen Fußball und ein paar Kumpels und kicke einfach drauflos (Seitenstechen ist normal in deinem Alter).

10. Schnapp dir einen Fußball und spiel ihn abwechselnd mit dem rechten und dem linken Fuß (fühl dich wie Franck Ribéry, wenn du es mehr als zwanzigmal schaffst).

11. Schnapp dir eine Safttüte und ein paar Kumpels und entdecke den Spaß am Pausenfußball neu.

12. Renn los, einfach so, egal wo (wie Forrest Gump).

13. Reaktiviere deinen alten C64-Computer samt Joystick und trainiere Summer- und Wintergames, bis dir die Hände bluten (oder die Ohren vom Sound).

14. Perfektioniere das Pfeifen auf zwei Fingern (und etabliere es wahlweise in der Beziehung oder im Büro).

15. Lege die Handflächen ineinander und pfeife wie eine Eule (ignoriere Sprüche wie «Was für ein komischer Kauz!»).

16. Trainiere dich im Freihändigfahren (tröste dich, Knie- und Schürfwunden sind sexy).

17. Klettere auf einen Baum (tröste dich, Grußworte auf Gips sind sexy).

18. Mach Feuer mit Steinen und Holz (tröste dich, raue Hände sind ebenfalls sexy).

19. Lerne, das perfekte Lagerfeuer zu errichten (dass du nichts anbrennen lässt, gilt weiterhin).

20. Lerne jonglieren (besser mit vier als mit drei Bällen).

21. Schnitze deiner Freundin ein Herz aus einem Holzblock (achte darauf, dass du kein morsches Holz verwendest).

22. Repariere einen platten Radreifen stets selbst.

23. Schlage ein Rad auf einer Wiese (Ratschläge zum Radschlag holst du dir bei der Turnlehrerin deines Vertrauens).

24. Frische dein Wissen über die Sternbilder auf (um ihr bei passender Gelegenheit die Sterne vom Himmel zu holen).

25. Räume beim Büchsenwerfen ab (und schenke den Riesenstoffelch deiner süßen Begleiterin).

26. Hau den Lukas (auch wenn du einen Lukas kennst, der eigentlich schwer in Ordnung ist).

27. Übe dich in Schattenspielen (und erschaffe neue Figuren wie den hundsgemeinen Wolpertinger).

28. Konstruiere das Papierflugzeug, das am längsten durch die schlechte Büroluft segelt.

29. Entwickle die Technik zur perfekten Arschbombe (ignoriere die Beschimpfungen nass gewordener Schwimmbadgäste, die dich als «Arsch» bezeichnen).

30. Entdecke die Lust an Telefonstreichen neu (aber denk dabei an die Rufnummerunterdrückung).

31. Lerne, mit einer Hand einen Knoten zu machen (hier jetzt bitte an eine Situation denken, in der du nur eine Hand frei hast und ein Seil zum Festzurren brauchst).

32. Melke eine Kuh (Veganer überspringen diesen und womöglich auch den nächsten Punkt).

33. Hol das Lasso raus und übe damit (nein, das ist nicht zweideutig gemeint).

Crashkurs Paar: In fünf Schritten zur platonischen Liebe

1. Wählt den Partnerlook! Gleiches Aussehen macht euch nicht nur zur harmonischen, für jeden erkennbaren Einheit; es reduziert auch die spezifischen sexuellen Reize der Geschlechter auf ein zu vernachlässigendes Minimum (Flip-Flops mit Wollsocken schaffen das übrigens auch).

2. Achtet sorgsam darauf, dass euer Haushalt stets kondomfrei ist; das Risiko einer Schwangerschaft würdet ihr niemals eingehen.

3. Küsst euch schlechter als Soap-Darsteller-Casting-Teilnehmer; küsst euch schlabbernd und mit harten Lippen; nehmt zur Sicherheit vorher ausreichend Knoblauch und Bier zu euch.

4. Falls euch trotz alledem die Lust packt, bestätigt euch gegenseitig in dem Irrglauben, dass Sex völlig überbewertet, in vielen Fällen unbefriedigend und meistens schneller vorbei ist als die Silbermond-Single, die ihr zur stimmungsvollen Untermalung einlegen würdet.

5. Kommt es wider Erwarten zu intimen Momenten, beschert eurem Partner den schlechtesten Sex, den man sich vorstellen kann – wenn ihr euch nur stumm, regungs- und ideenlos gebt, wird von weiteren Versuchen garantiert Abstand genommen.

ProtoTypen

(3)

Der große Gatsby

Manche Männer haben es einfach drauf. In dieser Reihe geht es um zeitlose Typen, von denen wir viel lernen können. Teil 3: der große Gatsby.

Wer ist der Typ? Jay Gatsby ist ein smarter Lebemann Mitte 30. Ein gerissener Millionär und geheimnisumwitterter Geschäftsmann, der in seiner Villa auf Long Island Tanzpartys für New Yorker Glamour-Girls und Playboys veranstaltet. Champagnerschlürfer, wohin man blickt. Gatsby hat Klasse und Stil, mit Hang zur Dekadenz, doch verliert er sich nur aus einem Grund in die Scheinwelt aus Genusssucht und Oberflächlichkeiten: Er will Daisy, die Liebe seines Lebens, zurückgewinnen, die er an einen anderen Mann verloren hat, als er im Ersten Weltkrieg in Europa kämpfte. Entsprungen ist er dem 1925 erschienenen Roman «The Great Gatsby». F. Scott Fitzgeralds Gesellschaftssatire zählt zu den wichtigsten Werken der amerikanischen Moderne. Der Stoff wurde mehrfach verfilmt, unter anderen mit Robert Redford (1974) und Leonardo DiCaprio (2013).

Was hat er zu sagen? Jay Gatsby hat einen Lieblingsausdruck: «Alter Junge». Und er hat ein paar Lieblingsthemen: Mode, Partys und vor allem – das Gestern. «Ich wusste, dass es für einen Mann wie mich ein großer Fehler war, sich zu verlieben», sagt er, wissend, dass Daisy sein Leben mehr bestimmt als er selbst. Seine Hoffnung, die guten Zeiten zurückzuholen, stirbt zuletzt: «Man kann die Vergangenheit nicht wiederholen? Wieso nicht? Natürlich kann man das!»

Was können wir von ihm lernen? Der Glaube an die Liebe des Lebens gibt Gatsby Kraft. Der Glaube an Liebe und Hoffnung.

Nun gut, er ist ein Träumer, der am Gestern hängt, ein Liebeskranker auf der Flucht vor der Realität. Aber kann diese Welt nicht mehr Träumer vertragen? «Pure Vernunft darf niemals siegen, wir brauchen dringend neue Lügen», sangen einst Tocotronic. Also träumt, Freunde, träumt! Und lebt eure Träume. Aber Obacht: Die Flucht in eine Scheinwelt widerspricht dem Prinzip der Authentizität. Daran hat auch Gatsby zu knabbern.

Und weitere Inspirationen fürs Mannsein? Nur wahre Gentlemen nehmen eine Fremdschuld auf sich, um die Herzensdame zu entlasten. Gatsby tut das für Daisy, die einen folgenschweren Unfall zu verantworten hat – was ihm später zum Verhängnis wird. Und dann natürlich der Stil! «Feiner Kerl, nicht wahr? Sieht gut aus und ist ein echter Gentleman», sagt man über ihn. Der lässige Look der goldenen Zwanziger versprüht zeitlosen Jazz-Glamour. Weiße Sommeranzüge, Tweed-Sakkos, Einstecktücher, Manschettenknöpfe und Strohhüte kommen nie aus der Mode. Allein, es fehlt uns oft der Mut. Der Mut zum Hut, zum Beispiel.

Inspirationsfaktor auf der nach oben offenen Machismoskala: **15 von 20 Roaring Twenties**.

Crashkurs Frau: In fünf Schritten zum It-Girl

1. Schau dir den Film «Das gewisse Etwas» aus dem Jahr 1927 an, in dem der Stummfilm-Star Clara Bow als erstes «It Girl» groß herauskam (das knapp achtzig Jahre später gedrehte Arthouse-Meisterwerk «1 Night In Paris» musst du nicht gesehen haben).
2. Das gewisse Etwas erreichst du, indem du dir einen Chihua-

hua zulegst und ihn ständig bei dir trägst (auf Unterwäsche dagegen kannst du verzichten).

3. Mach dich und deinen Lifestyle zum Markenzeichen, indem du einen extravaganten Modestil kreierst, den dein mehrfach zurechtoperierter Luxuskörper 24 Stunden am Tag zur Schau stellt (was du auf deinem Bezahlblog sowie auf Pinterest, Twitter und Facebook dokumentierst).

4. Falls du keine Hotelkettenerbin sein solltest, bring es mindestens zur C-Prominenz, um zu wichtigen Society-Events wie dem «Dschungelcamp» eingeladen zu werden (mit Castingshows, Porno-Literatur oder viel Haut geht das am schnellsten).

5. Platziere (für Fortgeschrittene: rekle) dich auf jedem roten Teppich, den du finden kannst; achte darauf, dass du dich stets in der Nähe der meistfotografierten Stars aufhältst und ihnen die Show stiehlst.

 **Thesen zum modernen Machismo (8)**

Der moderne Machismo ist eine Fortentwicklung. Wie jede Weiterentwicklung ist sie mit Ideen, Kreativität und Energie verbunden. Der moderne Machismo fordert den Männern Flexibilität und Intelligenz ab (auch emotionale). Der moderne Machismo steht im Widerspruch zu Sturheit, Borniertheit oder altmodischen Rollenverständnissen. Der moderne Machismo steht im Widerspruch zu Wischiwaschi. Der moderne Machismo fordert und fördert Souveränität.

Das große Jägerlatein: 33 Dinge, die der moderne Aufreißer endlich kapieren sollte

Männer und Frauen lieben das Flirten. Aber die Verunsicherung ist groß. Hier meine ultimativen Tipps.

1. Es kommt nicht darauf an, dass du aussiehst wie George Clooney, sondern darauf, dass du dich verhältst wie George Clooney (beziehungsweise so, wie sich George Clooney in deiner Phantasie verhalten würde).
2. Ein guter Aufreißer ist keiner von vielen; sei speziell und tue nie, was alle anderen tun würden.
3. Ein guter Aufreißer fällt auf (aber bitte mit Stil! Mann ist nie immun gegen Modesünden, also lass das Netzhemd, die Flip-Flops oder die neongelben Surferhosen stecken).
4. Ein gepflegtes Äußeres ist ebenso wichtig wie Ausstrahlung und Charme (wem abgekaute Fingernägel, Schweißflecken, Mundgeruch, wuchernde Nasenhaare, Schuppen oder ausgelatschte Nicht-Schuhe egal sind, der wird auch Frauen egal sein).
5. Flirten ist ein Spiel, Tricks und Bluffen sind erlaubt (aber lass dir niemals ganz in die Karten schauen).
6. Große Emotionen sind beim Baggern fehl am Platz (spar sie dir für eine spätere Beziehung, wahre Liebe oder die neue Champions-League-Saison auf).
7. Lächle, wenn du einen Raum betrittst (aber übertreibe es nicht zum irren Jack-Nicholson-Grinsen).
8. Erfasse die interessanteste Frau im Raum und suche den Blickkontakt; nach ein paar Sekunden solltest du auf sie zugehen, sonst hält sie dich für einen Spanner.
9. Mustern ja, glotzen nein.
10. Es gibt Aufreißer, die teilen HBs («Hot Babes») auf einer

Skala von null bis zehn ein; auch wenn es dir beim Baggern lediglich um eine Nummer gehen sollte, diese Einteilung ist pubertärer Quatsch.

11. Nähere dich einer Frau nie von hinten, sondern immer seitlich von vorne (aber drifte nicht zu weit ab, sonst kommt dir ein anderer Typ zuvor).

12. Kommunikation ist das A & O; wer nicht gerne redet und sich nicht unterhalten kann, geht alleine heim (selbst wenn er aussieht wie George Clooney).

13. Eindeutige Anmachen sind etwas für Korbsammler. Die ideale Eröffnung («Opener») kommt natürlich und unaufdringlich daher; das kann ein Plausch über die Musik sein, über andere Gäste und deren Mode oder eine verblüffende Frage, die dir die Aufmerksamkeit garantiert.

14. Tappe niemals in die Brüderle-Falle: Plumpe Altherrenwitze oder einfältige Anzüglichkeiten sind eine Schande für den modernen Mann.

15. Lerne, eine Frau zu lesen; nicht jede hat Interesse an einer Konversation, und ein «Nein» bei Frauen heißt nicht automatisch «Ja» (auch wenn das Testosteron-Tonis noch immer behaupten).

16. Dämpfer sind das Salz in der Suppe; eine beiläufige Herabsetzung soll insbesondere die besonders attraktiven Damen herausfordern (sie sind Kritik nicht gewohnt).

17. Sei geistreich, gewitzt und frech (und rede nicht immer nur von dir selbst).

18. Sei souverän und selbstbewusst (leichter gesagt als getan; aber wenn du nicht an dich glaubst, wer soll es dann tun?).

19. Lege niemals ein Handy vor dich auf den Tisch oder Tresen (hier sollten lediglich gepflegte Männerhände ruhen).

20. Lenke das Gespräch auf Themen um, bei denen du dich auskennst; dadurch gewinnst du Sicherheit und machst dich

interessant (aber vergiss nicht, dich auch für sie zu interessieren).

21. Nimm dich in Acht vor weiblichen Aufreißer-Trupps, die ebenso unterwegs sind und üben wie männliche Teilnehmer von Pick-up-Seminaren.

22. Komplimente funktionieren meistens (aber nur, wenn sie konkret und außergewöhnlich sind).

23. Trainiere den «Seelenblick»: Blicke mit dem rechten Auge ins rechte Auge der Frau, während ihr synchron atmet (bilde dir ein, der Trick funktioniert und ihr seid nun innig verbunden).

24. Trainiere das «Dreieck»: Lass deinen Blick langsam von ihrem linken zu ihrem rechten Auge schweifen und von dort zu ihren Lippen; es heißt, die Übung erzeuge eine sexuelle Spannung (bilde dir ein, der Trick funktioniert).

25. Sei kein Geizhals, lass dich aber auch nicht abzocken (übertriebene Einladungen sind bei den ersten Begegnungen ebenso zu vermeiden wie peinliches Cent-Zählen).

26. Mach dich rar und interessant: Kündige früh im Gespräch an, nicht lange hier zu sein.

27. Sorge für schnelle Ortswechsel. Sie verändern das Zeitgefühl, und ihr fühlt euch vertrauter.

28. Trage folgende Dinge stets bei dir: Stift oder Handy für die Notiz der Telefonnummer, Spickzettel mit erprobten oder neuen «Openern», Karten für ein paar Zaubertricks sowie Kaugummis und andere Gummis.

29. Emotionales Ankern bedeutet in der Aufreißersprache, ein Gefühl mit einer Berührung oder Geste zu verbinden (achte darauf, dass es sich nicht um eine Ohrfeige handelt).

30. Wenn dich ein Mann EFL nennt, ist das kein Kompliment (Aufreißer nennen Männer ohne Erfolg bei Frauen Ewig Frustrierte Loser, kurz: EFL; sich selbst nennen sie gerne UMAT, Ultramännliche Alphatiere).

31. Ist von «Top Score» die Rede, geht es um die Zahl der Frauen, die du erobert hast (nicht um die höchste Punktezahl bei «Angry Birds»).
32. Ziel für Anfänger muss es sein, vom EFL zum EFL-WB aufzusteigen (Ewig Frustrierter Loser auf dem Weg der Besserung).
33. Treib es nicht zu bunt und sei auf der Hut; Frauen sind Menschen und keine Objekte (sie werden dich immer wieder überraschen und deine Tricks ad absurdum führen).

Crashkurs Paar: In fünf Schritten zur offenen Beziehung

1. Die alles entscheidende Grundregel lautet: Sex ist Sex ist Sex ist nicht Liebe ist nicht Liebe ist nicht Liebe.
2. Ihr seid euch einig darin, dass Flirten und Fremdgehen sowie die Berichte darüber euer eigenes Liebesleben bereichern und anheizen (von allzu euphorischem Schwärmen über Größen und andere Maße ist abzuraten).

Manntra von Gunter Sachs
«Die Playboys sind so mausetot wie die Musketiere oder Troubadoure.»
(1997 in einem Interview mit dem Spiegel)

3. Affären sind auf der Stelle zu beenden, wenn störende Gefühle wie Zuneigung, Sehnsucht, Verknallen oder gar Verlieben auftreten – notfalls auch während des Verkehrs.
4. Eifersucht hat in der offenen Beziehung ebenfalls nichts zu suchen; falls er oder sie dennoch Symptome zeigt, kann das Fremdgehen als Wettbewerb mit Strichliste inszeniert werden, der für Gerechtigkeit sorgen soll.

5. Bei stark unterschiedlichem Aktivitätsgrad der Partner gebietet es die Fairness, dass sich der/die Triebhaftere etwas zurückhält und dem Nachzügler die Chance gibt gleichzuziehen.

Expedition ins Frauenreich

(2)

Frau tut, was Mann kann

Der moderne Mann ist verwirrt, und was ist mit der Frau? Während wir zwischen Lusche, Alpha-Softie und Möchtegern-Macho unsere verloren geglaubte Männlichkeit suchen, haben Frauen den richtigen Pfad im Gender-Dschungel bereits gefunden? Wohl kaum. Emanzipation, Quote und Gleichberechtigung haben viel Gutes bewirkt, das bestreiten nur noch Sturköpfe. Aber auch die Rollenbilder der Frau wurden durcheinandergewirbelt wie Buntwäsche im Schleudergang (die hinterher der Mann bügelt, während ihn seine Freundin wegen der Mikrofältchen rüffelt).

Constanze zum Beispiel. Meine Kollegin mit dem Feingefühl eines Facebook-Trolls tippelt gerade in die Testosteron-Falle. Seit sie im Verlag etwas zu sagen hat, imitiert sie – bewusst oder unbewusst – die schrecklichsten männlichen Verhaltensweisen. Plustert sich auf wie ein Gockel in den besten Jahren, markiert ihr Revier wahlweise mit heißer Luft und spitzen Ellenbogen; Fehler weist sie reflexartig zurück. Mann kennt das. Auch optisch passt sie sich an: Die Absatzhöhen schrumpfen mit steigendem Gehalt, Röcke und Kleider werden immer häufiger durch Hosenanzüge verdrängt (obwohl ich weiß, wie gern sie Feminines trägt), und wenn mich nicht alles täuscht, dann hat sich ihre Stimme einen Halbton gesenkt, seit sie in Meetings über Social-Media-Strategien und Synergien schwadroniert. Frau tut, was Mann kann. Nicht besser, nicht schlechter. Frust der Kopie.

Die Kunst aber ist es, Weiblichkeit zuzulassen, originär weibliche Stärken einzusetzen und einen neuen Führungsstil zu etablieren. Einen, der keinen imitiert. Einen Gegenentwurf zum

Altbewährten, wenn man so möchte. Der moderne Mann hat viel zu lernen, die moderne Frau eben auch. Herrschaftszeiten, wir sind nicht gleich – und werden es auch nie werden.

Mindestens ebenso spannend ist die Frage, welche Auswirkungen Macht und Führungsanspruch auf das Frausein haben, auf die Sexualität. Ich weiß von Abteilungsleiterinnen, die im Büro ihren Mann stehen, privat auf Weibchen umschalten, um sich im Bett vollständig dominieren zu lassen. Auf eigenen Wunsch. Weil es sie erfüllt, wenn ein Mann sie nach seinen Vorstellungen sexuell bespielt, um es milde auszudrücken. Die Klaviatur des Playboys. Sie sehnt sich danach, sich hinzugeben, und ihre Anweisungen bleiben im Büro. Nicht allen Frauen gelingt dieser Spagat zwischen Powerfrau und Bettgespielin, wie nicht allen Männern die Brücke zwischen sensibel und dominant gelingt. Mann will alles, Frau auch. Gemeinsam sind wir doppelt verwirrt. Constanze ist jetzt wieder Single. Ihr Ex sei ein herablassender Idiot, erzählte sie mir neulich in der Kantine, nachdem sie die Kassiererin zur Schnecke gemacht hatte, weil diese ihr aus Versehen den Beilagensalat doppelt berechnete.

Manntra von Voltaire

«Ein Gentleman ist ein Don Juan, der es nicht eilig hat.»
(Der Autor lebte von 1694 bis 1778)

Crashkurs Paar: In fünf Schritten zur Wochenendbeziehung

1. Wählt Jobs, die häufige Standortwechsel mit sich bringen, und/oder bewerbt euch grundsätzlich in anderen Städten; auf diese Weise integriert ihr spannende Wochenend-Trips in eure Beziehung.
2. Tröstet euch mit der Hoffnung, dass die Liebe feurig bleibt, wenn man sich nicht ständig auf die Pelle rückt (die Gefahr, dass euch ein/eine andere[r] auf die Pelle rückt, ignoriert ihr).
3. Bestärkt euch gegenseitig in dem Glauben, dass Qualität vor Quantität geht (dass zwischen Hin- und Rückflug wenig Zeit für Qualität bleibt, verschweigt ihr).
4. Der Traum, wie es sein wird, eines Tages zusammenzuleben, trägt euch durch die einsame Arbeitswoche; Träume sind zum Träumen da, nicht zum Leben!
5. Telefoniert regelmäßig miteinander. Ansonsten besteht die Gefahr, dass ihr euch beim Aufeinandertreffen verquasselt und nicht über das Reden hinauskommt.

 **Thesen zum modernen Machismo (9)**

Der moderne Machismo hat Stil und ist smexy.

33 Typen, die Frauen zum Glühen bringen (und Männer nerven)

Stars sind zum Anhimmeln – und zum Ablästern. Der einen Lust ist des anderen Frust. Hier meine ultimative Liste.

1. Johnny Depp (Sie: Johnny! Er: Depp!)
2. Brad Pitt (Sie: Lass mich deine Angelina sein! Er: Brett-vorm-Kopf-Pitt.)
3. Leonardo DiCaprio (Sie: Du bist der König der Welt! Er: König der Welpen!)
4. James Franco (Sie: Der neue James Dean! Er: Mit Dean verbindet ihn nur der Vorname.)
5. Vin Diesel (Sie: Raue Schale, weicher Kern. Er: Eierschale trifft's wohl eher.)
6. Robert Pattinson (Sie: Beiß mich, Edward! Er: Blutleerer Fatzke!)
7. Alexander Skarsgård (Sie: Beiß mich, Eric! Er: Alter Schwede, du nervst!)
8. Stephen Moyer (Sie: Beiß mich, Bill! Er: Noch so ein Untoter!)
9. Ian Somerhalder (Sie: Beiß mich, Damon! Er: In «Lost» war er besser.)
10. Taylor Lautner (Sie: Mach mir den Wolf! Er: Hat der kein T-Shirt?)
11. David Beckham (Sie: Ist das alles echt? Er: Spielt der noch?)
12. Cristiano Ronaldo (Sie: Ist mir doch egal, wo der spielt. Er: Eitler Gockel!)
13. Mario Gomez (Sie: Gomeeeeeeeeeeeeeez! Er: Abstauben kann er!)
14. Mats Hummels (Sie: Schneckchen! Er: Falscher Verein!)
15. Til Schweiger (Sie: Guter Typ, gute Filme. Er: Nuschelnuschelnuschelnuschel.)

16. Matthias Schweighöfer (Sie: Süß! Er: Luschig!)
17. David Garrett (Sie: Diese Hände! Er: Kurt Cobain für Arme!)
18. Robbie Williams (Sie: Ich will ein Kind von dir! Er: Take that, Robbie!)
19. Chris Martin (Sie: Mir doch egal, wie er aussieht – singen kann er! Er: Mir doch egal, wie er singt – er sieht doof aus!)
20. Dave Gahan (Sie: Nimm mich mit auf deinen Trip! Er: I better enjoy the silence!)
21. Matthew Bellamy (Sie: Kate Hudson? Bitch! Er: Kate Hudson? Wow!)
22. Justin Bieber (Sie, jung: Aaaaaaaaaaaaaaaaaaaah! Er, alt: Mach die Biege, Bieber!)
23. Colin Firth (Sie: Intelligenz ist sexy! Er: Kartoffelnase!)
24. Owen Wilson (Sie: Sonnyboy! Er: Penisnase!)
25. Gerard Butler (Sie: Ein echter Kerl aus Schottland! Er: Das Beste an Schottland ist der Whisky!)
26. Bradley Cooper (Sie: Den kenn ich aus «Sex and the City»! Er: Hangover Dauerzustand!)
27. Channing Tatum (Sie: Sexiest Man Alive! Er: Was für ein bescheuerter Name!)
28. Ryan Gosling (Sie: Heißer Typ! Er: Wär er mal im Mickey Mouse Club geblieben!)
29. Jude Law (Sie: Rrrrrrrrrrrrrr! Er: Hatte der nicht mal volles Haar?)
30. Tom Cruise (Sie: Guter Schauspieler. Er: Sektenzwerg!)
31. Prince Harry (Sie: Der coolste Prinz von allen. Er: Prinzenrolle wär mir lieber.)
32. Mr. Darcy (Sie: Hach! Er: Mr. wer?)
33. George Clooney (Sie: Heirate mich! Er: Heirate mich!)

Crashkurs Frau: In fünf Schritten zur Barbie-Bitch

1. Trainiere dein Schnutengesicht so lange, bis du dich als Erste des Dorfwettbewerbs ins Regionalfinale um den Titel «Miss Duckface Sauerland Süd» geschmollt hast.
2. Dein Lipgloss blitzt mit den hautfarbenen Glanzstrumpfhosen, den Lack-Plateau-Pumps und den French Nails derart um die Wette, dass du deine Betrachter schwindelig schillerst.
3. Lerne den Spruch «Gute Mädchen kommen in den Himmel, böse überall hin» auswendig (falls dir das nicht gelingt, sei nicht traurig und springe direkt zu Punkt 4).
4. Kenne deine Grenzen: Was Ken sagt, stimmt.
5. Lass dir von deinem Ken zum Geburtstag neue Brüste schenken (zum Namenstag gibt's neue Extensions, zu Weihnachten neue Lippen).

33 Filme für den richtigen Beziehungsmoment

Komödien heitern auf, Schnulzen trösten, Erotikthriller inspirieren. Wer den idealen Film zum passenden Zeitpunkt wählt, hat gute Chancen auf großes Kino. Zwischenmenschlich gesehen.

1. Du willst deine Süße sinnlich verführen: «Chocolat» von 2000 (Tipp: Zieh dir das Rezept für den «Guatemaltekischen Liebeszaubertrank» aus dem Netz und serviere ihn zum Film).
2. Deine langjährige Bekannte zögert beim Schritt von der Freundschaft zur Liebesbeziehung: «Zwei an einem Tag» von

2011 (Tipp: Bereite Taschentücher vor und nimm sie am Ende in den Arm).

3. Du bist scharf auf deine beste Freundin: «Harry und Sally» von 1989 (Tipp: Beobachte genau, wie sie auf die berühmte Orgasmus-Szene reagiert).

4. Sie will heiraten, und du bist noch nicht so weit: «Wer hat Angst vor Virginia Woolf?» von 1966 (Tipp: Nur mit psychisch stabilen Frauen anschauen).

5. Sie will unbedingt heiraten, und du bist noch immer nicht so weit: «Der Gott des Gemetzels» von 2011 (Tipp: nur für den Notfall!).

6. Ihr werdet heiraten, und du freust dich auf den Junggesellenabschied: «Hangover» von 2009 (Tipp: Erkläre ihr, dass es nur ein Film ist – und dass die Junggesellenabschiede in Wirklichkeit viel heftiger sind).

7. Ihr habt geheiratet, und deine Frau beginnt dich zu nerven: «Puppenmord» von 1989 (Tipp: Die Romanvorlage von Tom Sharpe ist noch gewitzter).

8. Du willst ihren Glauben an die Liebe stärken: «Tatsächlich Liebe» von 2003 (Tipp: Studiere Hugh Grants Tanzeinlage ein und überrasche sie damit).

9. Du willst, dass sie sich gut fühlt: «Die fabelhafte Welt der Amélie» von 2001 (Tipp: Besorg dir den Soundtrack von Yann Tiersen, um das Gefühl über das Ende hinaus zu tragen).

10. Sie will ein Kind von dir, und du willst das vermeiden: «So ein Satansbraten» von 1990 (Tipp: Erkläre ihr, das sei keine Satire).

11. Ihr habt ein Kind, und sie will ein weiteres: «Ein Satansbraten kommt selten allein» von 1991 (Tipp: Bleib bei deiner Meinung, das sei nun wirklich keine Satire).

12. Du willst deinen Samen spenden, aber sie hasst die Idee: «Vaterfreuden» von 2014 (Tipp: Leg dir nie ein Frettchen zu!).

13. Deine beste Freundin wurde eben verlassen: «Bridget Jones – Schokolade zum Frühstück» von 2001 (Tipp: Hindere sie bei «All By Myself» auf keinen Fall am Mitsingen).

14. Du hast was gut bei ihr: «Fever Pitch» von 1997 (Tipp: Tröste sie damit, dass Colin Firth mitspielt – ihr Widerstand gegen den Fußballfilm wird sich schnell legen).

15. Sie hat Mist gebaut: «Fast & Furious» von 2001 bis 2013 (Tipp: Lass sie schmoren, verrate ihr vorher nicht, dass es sechs Teile sind).

16. Du hast Mist gebaut und willst es wiedergutmachen: «Dirty Dancing» von 1987 (Tipp: Versprich ihr nicht leichtfertig, einen Tanzkurs mit ihr zu besuchen).

17. Du hast noch mehr Mist gebaut: «Pretty Woman» von 1990 (Tipp: Wiederhole die Zeile «Schlüpfrige kleine Scheißerchen!» mehrmals).

18. Du hast den größten Mist der Welt gebaut: «Titanic» von 1997 (Tipp: Lege deinen Arm um sie wie Leonardo DiCaprio und schmachte: «Auf uns, weil jeder Tag zählt!»).

19. Sie steht auf dich, aber du willst sie loswerden: «The Saw» von 2004 (Tipp: Sag ihr, dass du ausschließlich Horrorfilme schaust – weil sie dich so inspirieren).

20. Du willst ihr ein rauschhaftes Erlebnis bieten: «Angst und Schrecken in Las Vegas» von 1998 (Tipp: Nüchtern betrachtet, ist der Film eher anstrengend).

21. Du willst sie mit einem zeitlosen Klassiker beeindrucken: «Manche mögen's heiß» von 1959 (Tipp: Versprich ihr, dass du nie, nie, nie Frauenklamotten tragen wirst).

22. Du willst ihr zeigen, wie gutmütig Männer sein können: «Das Appartement» von 1960 (Tipp: Habt kindliche Freude beim Imitieren der Dialoge. Rein unterhaltungsmäßig).

23. Du hast Lust auf eine sexy Kostümparty: «Der große Gatsby» von 2013 (Tipp: Dresscode wie in den «Roaring Twenties»).

24. Ihr wollt gemeinsam lachen: «Verrückt nach Mary» von 1998 (Tipp: Überrede sie zum Haarstyling-Kniff von Cameron Diaz).

25. Du willst sie zum Lachen und Weinen bringen: «Buddy» von 2013 (Tipp: Zieh sie beim rührseligen Ende an dich).

26. Du willst deiner Neuen vor Augen führen, warum du ihr nicht von deinen Exfreundinnen erzählst: «High Fidelity» von 2000 (Tipp: Zeige ihr hinterher deine autobiographisch sortierte Plattensammlung).

27. Du möchtest sie von deinem guten (Independent-)Musikgeschmack überzeugen: «Garden State» von 2004 (Tipp: Punkte mit dem Zusatzwissen, dass der Regisseur und Hauptdarsteller Zach Braff den Soundtrack selbst zusammengestellt hat und The Shins eine der besten Bands zu Beginn des neuen Jahrtausends waren).

28. Du möchtest sie mit deinem Rockwissen beeindrucken: «This Is Spinal Tap» von 1984 (Tipp: Erkläre ihr, warum d-Moll die traurigste Tonart der Welt ist).

29. Ihr führt eine Sex-Beziehung und sucht nach Inspiration: «9 1/2 Wochen» von 1986 (Tipp: Wer's moderner und realistischer mag, sollte «9 Songs» von 2004 wählen).

30. Sie ist bi und du bist neugierig: «Blau ist eine warme Farbe» von 2013 (Tipp: Austern auftischen, viel Zeit einplanen).

31. Du willst deiner Partnerin deine Sadomaso-Neigung näherbringen: «Secretary» von 2002 (Tipp: Befiehl ihr ein konkretes Outfit für den Abend, sie wird den bestimmenden Ton mögen – oder lachen).

32. Du willst ihre Lust auf Selbstunterwerfung stärken: «Die

> **Manntra von Tom Waits**
> *«A gentleman is someone who can play the accordion, but doesn't.»*
> *(Der Sänger, Musiker und Autor wurde 1949 in Kalifornien geboren)*

Geschichte der O» von 1975 (Tipp: Diskutiere mit ihr über Parallelen zur Romanreihe «Shades Of Grey»).

33. Du hättest gern, dass deine Freundin auf Unterwäsche verzichtet: «Basic Instinct» von 1992 (Tipp: Vergiss nicht, den Eispickel zu verstecken).

ProtoTypen

(4)

James Bond

Manche Männer haben es einfach drauf. In dieser Reihe geht es um zeitlose Typen, von denen wir viel lernen können. Teil 4: der geheimnisvolle James Bond.

Wer ist der Typ? Er ist ein Geheimagent, den jeder kennt, und schon deshalb ziemlich einzigartig. Die popkulturelle Ikone ist mehr als ein smarter Brite, der teure Anzüge trägt, den modernsten Hightech-Firlefanz ausprobieren darf, reihenweise Supermodels abschleppt und nebenbei die Welt rettet. James Bond ist ein Statement. Ein Statement für Intelligenz, Mut, Stil und Sex-Appeal. Garanten für den Erfolg bei den Frauen sind: die männliche Statur, der kühl-verschmitzte Blick, die kleine Narbe im Gesicht und die Anzüge aus dunkelblauem Kammgarn. Und – vor allem – der Charme des unnahbaren Draufgängers. Entsprungen ist der Spion der Spione den Romanen des geheimdiensterfahrenen Autors Ian Fleming. Namenspate soll der US-Ornithologe James Bond gewesen sein – gut zu Vögeln, man kennt das. Seinen ersten Auftritt hatte er 1953 in dem Buch «Casino Royale», ein Jahr später erschien der erste Fernsehfilm, die Kinoreihe begann 1962. Die bekanntesten Bond-Darsteller sind Sean Connery (siebenmal), Roger Moore (siebenmal) und Pierce Brosnan (viermal). Aktuell mimt Daniel Craig den Doppel-Null-Agenten mit der Lizenz zum Töten.

Was hat er zu sagen? «Mein Name ist Bond, James Bond.» Das sagt er oft (zu oft?). Dennoch muss man froh sein, wenn sich der allzeit Geheimnisvolle überhaupt mitteilt. «Erwarten Sie von mir, dass ich rede?», wortkargt er an einer Stelle. Und auch bei der Frage, wie denn die letzte Nacht gewesen sei, hält er die Bälle flach: «Ach, ein ständiges Auf und Ab.» Der Gentleman genießt und schweigt. Er spricht nur, wenn es sein muss, zum Beispiel dann, wenn er eine Frau um den Finger wickeln will. Mal wieder. Dann flirtet er zielsicher: «Wenn ich könnte, Money, würde ich Sie bis ans Ende der Welt mitnehmen.»

Was können wir von ihm lernen? Ein Martini-Cocktail, wie Bond ihn trinkt, besteht aus drei Maß Gordon's Gin, einem Maß russischem oder polnischem Wodka und einem halben Maß Kina Lillet (ein französischer Aperitif, der in der Rezeptur den Wermut ersetzt). Das Ganze wird geschüttelt, nicht gerührt – es sei denn, man hält es wie der junge Bond-Darsteller Daniel Craig: «Sehe ich so aus, als ob mich das interessiert?» Serviert wird «The Vesper», wie der Geheimagent die Mixtur nennt, mit einem großen, schmalen Stück Limonenschale in einem tiefen Champagnerkelch. Kreiert wurde der Drink 1953 im Romanauftakt «Casino Royale». Merke: Auch beim Cocktail gilt: lieber 007 als 0815.

Und weitere Inspirationen fürs Mannsein? Geheimnisvoll ist sexy, und einen, den man nicht haben kann, will jede Frau. Da braucht man sich nur die Liste der Bond-Girls anzuschauen, Gespielinnen, die sich in jeder Episode in Pro-Bond und Anti-Bond einteilen lassen. Unter anderen zogen die Blicke auf sich: Ursula Andress (1962), Britt Ekland (1974), Teri Hatcher (1997) und Halle Berry (2002). Freilich hat sich auch das Bond-Girl-Frauenbild im Laufe der Emanzipationsgeschichte verändert. So werden sie zunehmend als charakterstarke Schönheiten mit eigenem Willen dargestellt, Sophie Marceau als Elektra King in «Die Welt ist nicht genug» (1999) zum Beispiel. Und über noch etwas sollte Mann nachdenken: Zum Thema Brustbehaarung philosophierte James Bond einmal,

«Ein altes japanisches Sprichwort sagt: Kein Vogel baut sein Nest in einem kahlen Baum». Als ob 007 ein Interesse daran hätte, sesshaft zu werden ...

Inspirationsfaktor auf der nach oben offenen Machismoskala: **6 von 7 Bond-Girls**.

Crashkurs Mann: In fünf Schritten zum Oldschool-Macho

1. Halte dich für unwiderstehlich, widerstehe aber neumodischem Kram wie Emanzipation oder Feminismus. Akzeptiere Gleichberechtigung (solange du nicht mitmachen musst).
2. Dass du vom Aussterben bedroht bist, lächelst du ebenso mit einem schmierigen Grinsen weg wie die Kritik aufstrebender Kollegen, die sich inzwischen «Kolleginnen» nennen.
3. Trage dein Hemd so, dass stets ausreichend Luftzufuhr für das krause Brusthaar garantiert ist (reichere es gerne mit einem Goldkettchen an).
4. Finde Brüderles im Geiste und gründe einen Herrenwitz-Stammtisch.
5. Perfektioniere den Satz «Bunga, Bunga, Baby!», bis er dir flott über die Lippen geht.

33 Bücher, die der moderne Mann endlich gelesen haben sollte (und worum es darin wirklich geht)

1. Glenn O'Brien: «How To Be A Man» (Lernziel: Stil ist ein Prozess.)

2. Ernest Hemingway: «Der alte Mann und das Meer» (Lernziel: Tapferkeit ist nichts für Weicheier.)

3. Nick Hornby: «Fever Pitch» (Lernziel: Nach der Beziehung ist vor der Beziehung.)

4. Nick Hornby: «High Fidelity» (Lernziel: Platten immer auto-biographisch sammeln!)

5. Eduard Augustin, Philipp von Keisenberg, Christian Zaschke: «Ein Mann, ein Buch» (Lernziel: Fakten, Fakten, Fakten – und immer an die Männer denken!)

6. Barney Stinson und Matt Kuhn: «Der Bro Code: Das Buch zur TV-Serie ‹How I Met Your Mother›» (Lernziel: siehe 5.)

7. Oliver Kuhn: «Alles, was ein Mann wissen muss» (Lernziel: siehe 5.)

8. Jeff Bridges and Bernie Glassman: «The Dude And The Zen Master» (Lernziel: Peace, Man!)

9. Sven Regener: «Herr Lehmann» (Lernziel: O ja, es gibt sie, die wahre Kneipenpoesie.)

10. Neil Strauss: «Die perfekte Masche» (Lernziel: Profi-Aufreißer sind kaltherzige Spieler – und erfolgreich.)

11. Neil Strauss: «Der Aufreißer» (Lernziel: So kriegt man(n) jede Frau rum.)

12. Stefan Wimmer: «Der König von Mexiko» (Lernziel: Frechheit siegt, willkommen in der Welt des munteren Machismo.)

13. Jane Austen: «Stolz und Vorurteil» (Lernziel: Mr. Darcy weiß, was Frauen wollen – zeitlose Inspiration.)

14. Robert Betz: «So wird der Mann ein Mann!» (Lernziel: Wie Männer wieder Freude am Mann-Sein finden.)

29. Jack Kerouac: «Unterwegs» (Lernziel: Dieser Roadtrip durch Amerika bringt jeden Kerl auf Kurs.)

30. Alain-Xavier Wurst: «Zur Sache, Chérie» (Lernziel: Die deutsche Frau könnte perfekt sein – wenn sie nur wüsste, wie man flirtet.)

31. Vladimir Nabokov: «Lolita» (Lernziel: große Literatur zu einem zeitlosen Skandalthema.)

32. Hunter S. Thompson: «Angst und Schrecken in Las Vegas» (Lernziel: rauschhafter Trip zum Glück – und zurück.)

33. Hanna Rosin: «Das Ende der Männer und der Aufstieg der Frauen» (Lernziel: Die moderne Frau ist bereit für die Zukunft – sind wir es auch?)

Crashkurs Paar: In fünf Schritten zum On-off-It-Couple

1. Sorgt dafür, dass wenigstens einer von euch C-Promi-Status erreicht.

2. Steigt zum It-Couple auf, indem ihr einen unverwechselbaren Lifestyle etabliert, der sich zum Trend bei Frauenmagazinleserinnen und im Privatfernsehen hochschraubt und euch eine eigene Reality-Doku-Soap garantiert.

3. Trennt euch medienwirksam auf der Höhe des Ruhms; verkauft die Streitfotos an das meistbietende Klatschblatt.

4. Findet medienwirksam wieder zusammen, wenn ihr tief genug gefallen seid; verkauft die Versöhnungsfotos an das meistbietende Klatschblatt.

5. Sollte euer Bekanntheitsgrad respektive der Kontostand drastisch zu sinken drohen, wiederholt die Schritte drei bis fünf (und bringt wahlweise eine fingierte Affäre ins Spiel).

 **Thesen zum modernen Machismo (10)**

Der moderne Machismo vereint Männer, die Frauen auf Händen tragen und sich kümmern, sich aber zu keiner Zeit einlullen lassen oder vor klaren Ansagen drücken.

Expedition ins Männerreich

(3)

Mann kann auch anders

Es steht nicht gut um den Mann, und genau das steht ihm nicht. Männer wollen angehimmelt werden, kraftstrotzen und siegen, und nicht angezählt werden wie mittelmäßige Boxer vor dem K.-o.-Schlag. Den Eindruck kann aber bekommen, wer den öffentlichen Debatten oder Medienhypes der vergangenen Jahre Glauben schenkt (man sollte ihnen nicht zu viel Glauben schenken und sie unbedingt hinterfragen). Und die Sexismus-Debatte der jüngeren Vergangenheit hat die Verunsicherung unter Männern nur verstärkt. Dabei wäre es so einfach: Respekt vor den Mitmenschen zu zeigen, schließt ein selbstbewusst-starkes Auftreten absolut nicht aus (Charme, Witz und Esprit übrigens auch nicht).

Und tatsächlich: Im Untergrund bewegt sich was, und was sich da bewegt, fühlt sich motivierend an. Meist sind es Männer zwischen Mitte 20 und 40, die sich öffentlich abgrenzen von dem Bild der desinteressierten Sturköpfe, von denen es so viele gibt; dynamische offene Denker sind das, die bereit sind, an sich und einem neuen Männerbild zu arbeiten. Es gibt Konferenzen, die heißen «Mann sein dürfen», wo Positionen zur Weiterentwicklung der XY-Träger diskutiert werden; es gibt unermüdliche Blogger, die wahlweise den guten, den besseren, den intensiven Mann heraufbeschwören (und es gibt Bücher, die sich den Untertitel «Anleitung zum Mannsein» anmaßen).

Manntra von Albert Einstein
«Manche Männer bemühen sich lebenslang, das Wesen einer Frau zu verstehen. Andere befassen sich mit weniger schwierigen Dingen, zum Beispiel der Relativitätstheorie.»
(Der Physiker lebte von 1879 bis 1955)

All das zeigt: Der Wunsch nach einer Männerbewegung, einer modernen, lernfähigen und doch durch und durch maskulinen, ist groß. Zumindest unter denen, die sich noch auf die Zukunft der Männer freuen.

Ich habe für mich entschieden, mich zu emannzipieren. Ich will mich ganz als Mann fühlen, ohne an Mackeritits zu erkranken. Glenn O'Brien, schon wieder, hat die für mich prägenden Sätze formuliert: «Don't Just Lie There. Get Up And Evolve!» Wozu ich hiermit aufrufe: aufraffen und entwickeln. Dann steht's auch wieder gut um den Mann (und das steht uns doch so gut).

Crashkurs Mann: In fünf Schritten zum emannzipierten Mann

1. Für dich sind Gleichberechtigung und Emanzipation Selbstverständlichkeiten. Du ärgerst dich, dass darüber noch diskutiert wird.
2. Du legst dir ein dickes Fell zu, weil dir nicht alle Männer wohlgesinnt sind. Du forderst viel von dir und deinen Geschlechtskollegen.
3. Dir ist klar, dass noch viel Arbeit vor dir liegt – dir ist nicht klar, wohin die Reise führt. Aber du weißt, die Zukunft gehört dir.
4. Du lässt Männlichkeit zu 100 Prozent zu, ohne das Weibliche in irgendeiner Form abzuwerten.
5. Dein Lieblingsblog heißt Schlussmitluschig.de (auch wenn du den Typ nicht immer ernst nehmen kannst).

33 Webseiten, die moderne Männer und Frauen regelmäßig besuchen sollten

Das Internet hat alles: Dreck und Gold. Hier meine Liste mit Online-Magazinen und Blogs, die sehr zu empfehlen sind, weil sie Orientierung im Gender-Dschungel bieten (oder einfach nur Spaß machen).

1. GQ-Magazin.de (Die wohl beste Seite für Männer mit Stil und Anspruch. Tipp: auch auf Facebook stark.)
2. Gentleman-Blog.de (Stilvolles für den Herrn mit Geschmack. Tipp: Nicht im Jogginganzug konsumieren!)
3. Lady-Blog.de (Stilvolles für die klassische Lady. Tipp: erst den Knicks, dann die Klicks.)
4. DerBerater.de (Playboy-Ableger über «Alles, was Männer wissen müssen». Tipp: die Rubrik «Lust & Liebe».)
5. Cosmopolitan.de (Weltberühmtes Mode-, Beauty- und Lifestyle-Magazin für Frauen – und Männer, die wissen wollen, wie It-Girls ticken. Tipp: Die Rubrik «Liebe+Sex».)
6. Boeser-Junge.de (Offensiver Guide durch das Dating-Durcheinander. Tipp: Man kann sich auch verkuppeln lassen.)
7. Glamour.de (Glamouröse Unterhaltung für schicke Großstadtfrauen – und solche, die es werden wollen. Tipp: das sehr aktive Forum namens «Glamunity».)
8. Dandydiary.de (Hipper Modeblog aus Berlin. Tipp: Bei den Dandy-Diary-Partys werden die Online-Statements real.)
9. Isitloveblog.wordpress.com (Charmanter Blog über das Leben als Single-Frau in München. Tipp: Auf Twitter ist Carrie fast noch besser.)
10. Glennobrien.com (Website der Stilikone Glenn O'Brien. Tipp: Sein Buch «How To Be A Man» ist meine persönliche Stilbibel.)

11. Kissnapping.de (Entertainment von Frauen für Frauen über Liebe, Lust und Lifestyle. Tipp: direkter Austausch mit den Betreiberinnen via Twitter, Facebook, Blog.)

12. Horston.de (Inspirierender Männermodeblog. Tipp: gute Musikempfehlungen.)

13. Liebeserklaerer.com (Der Versuch, die Liebe in einem Blog zu erklären. Tipp: Nicola Erdmann kann auch Printtexte.)

14. Michaelnast.com (Großstadtkolumnen vom Großstadtkolumnisten. Tipp: die Großstadtkolumnen.)

15. Paula-Lambert.gq.de (Schonungslos Zwischenmenschliches von der sehr verehrten *GQ*-Kolumnistin. Tipp: Nur für Männer, die einstecken können.)

16. Neilstrauss.com (Neues vom US-Pick-up-Experten. Tipp: die Buchempfehlungen zum Thema Verführung.)

17. FabianHart.com (Stylischer Blog über «Moden und andere Ausdrucksmedien». Tipp: Hart packt auch die weichen Themen hart an.)

18. Fashionboxx.net (Modeblog für Männer, die keine Modeprofis sind. Tipp: Der Style-Guide erklärt kurz und knapp, worauf es beim perfekten Look ankommt.)

19. Intensiver.net (Anchu Kögls Blog über «Frauen, Sex & Männlichkeit». Tipp: der Kurs «in 3 Schritten zu einem attraktiven Mann».)

20. ManOfAction.de (Tim Hamers Blog über Selbstwertgefühl und Authentizität. Tipp: das kostenlose E-Book «Die inneren Einstellungen eines natürlich attraktiven Mannes».)

21. Herrenblatt.de (Stilmagazin aus Berlin. Tipp: die Rubrik «Kurzweil und Zeitgeist».)

22. Snobtop.com (Männermagazin für den modernen Gentleman. Tipp: die inspirierenden Mode-Ideen.)

23. Der-Anna-Code.com (Pick-up-Blog zum Thema Frauen verführen. Tipp: die Rubrik «Frauen verführen A–Z».)

24. Stilmagazin.com (Beiträge über Stil, Lebensart und Genuss. Tipp: Im gut besuchten Forum bleiben keine Fragen offen.)

25. Dieperfektemasche.de (Einblicke in die Pick-up-Szene. Tipp: die Seminare mit lustigen Namen wie «Verführungshypnose» oder «Secrets of Eye Gaze».)

26. Oliver-Flesch.com (Provokantes E-Mag über «Liebe, Lust und Popkultur». Tipp: Besser nicht im Büro ansurfen.)

27. DerbessereMann.de (Männerblog zur These: «Warum es egal ist, was Frauen wollen». Tipp: Das Motto ist nicht frauenfeindlich gemeint.)

28. Alleswasunmaennlichist.de (Süffisanter Blog über alles, was unmännlich ist – «zum Wohle aller Frauen, als Hilfe für alle Männer». Tipp: das begleitende Buch von Sigrid Goddard: «Die Männer, die wir lieben, und die Luschen, die wir kriegen».)

29. JensHealth.de (Blog aus dem Männerleben von Jens Clasen, dem Textchef von *Men's Health*. Tipp: auch auf Facebook sehr unterhaltsam.)

30. Genussmaenner.de (Online-Magazin «für die größte Randgruppe der Gesellschaft». Tipp: stark bei Themen für Genießer.)

31. VonHoyos.de (Clemens Hoyos' Seite mit «Stil, Charme und Etikette». Tipp: der Blog und die Seminare des Knigge-Experten.)

32. Joyclub.de («Community für Sex und stilvolle Erotik». Tipp: die Rote-Ohren-Garantie.)

33. Schlussmitluschig.de (Inspirierende Unterhaltung für den modernen Mann, aufgeschrieben von, nun ja, von mir selbst. Tipp: Es gibt auch einen Roman zum Blog: «Für immer Juli» erzählt die Geschichte meiner Emannzipation.)

Crashkurs Frau: In fünf Schritten zur Karrierefrau

1. Ziehe Hosenanzüge Kostümen vor, um in wichtigen Meetings männlicher zu wirken als all die Zweireiherluschen, die du nach deiner nächsten Beförderung zu Laufburschen degradierst.

2. Dass deine Stimme über die Jahre tiefer wurde, merkst du erst, als du dich im Männerchor für Altstimmen wiederfindest, für dessen wöchentliche Treffen du eigentlich keine Zeit hast.

3. Frauenquote ist für Anfängerinnen, und Burn-out braucht eine weibliche Sprachvariante.

4. Eine scheinbar gesunde Work-Life-Balance erzeugst du durch regelmäßige Wellness-Wochenenden, die du alleine, nur mit Sachbüchern und deinen Restträumen, verbringst, weil deine zwei sogenannten Freundinnen inzwischen Kinder haben (und dich eh nicht leiden können).

5. Stelle bei den Treffen mit ausgewählten Elite-Partnerbörsen-Beziehungskandidaten gleich zu Beginn klar, dass mögliche Terminwünsche wie gemeinsame Abendessen, Spaziergänge am Wochenende oder Sex frühzeitig zu beantragen und jederzeit kurzfristig zu canceln sind.

Expedition ins Frauenreich

(3)

Weiß-was-er-will-Weibchen

Frauen reden viel, wenn der Tag lang ist. Auch wenn er kurz ist, reden Frauen viel. Männer übrigens auch. Das Vorurteil, wir würden in 24 Stunden weitaus weniger Wörter über die Lippen bringen, ist über kurz oder lang nicht haltbar. Sagen auch die Wissenschaftler. Okay, Wortwahl und Themen unterscheiden sich stark, und mehr Ausrufe- statt Fragezeichen stehen im Raum. Aber kehren wir zurück zu den Quasselfrauen, sonst verfehlen wir das Thema.

Einer ihrer beliebtesten Sätze – gleich nach «Bin ich zu dick?», «Liebst du mich?» und «Das kann ich auch allein» – geht so: «Ich möchte einen Mann, der weiß, was er will.» Den Satz schnappe ich oft auf. Von Kolleginnen, von Freundinnen, von Partnerbörsen-Bekanntschaften. Gerade von Partnerbörsen-Bekanntschaften. Die müssen ja immer markige Sachen in ihr Duckface-Profil hacken, sonst zwinkert ihnen keiner zu. Also rein virtuell. Man liest und hört den Satz so sagenhaft oft, dass man glauben könnte, Frauen hätten eine klare Vorstellung davon, wie ihr Traumkerl sein soll. Leider ist dem nicht so, das wissen sie selbst, und die Sache mit der Klarheit bleibt ein Traum.

Was soll das überhaupt heißen: der weiß, was er will? Fängt das schon bei der Speisenwahl im Restaurant an, schließt die Wahl der Dame beim Flirt an der Bar mit ein und hört bei der Lebensplanung noch lange nicht auf? Aber ja! Ein Mann mit Zielen ist attraktiv, ein entschlossener Entscheider ebenso. Wer herumeiert, rollt nicht. Und bleibt auf der Strecke. Viele Frauen, die ich kenne, können sich selbst nicht so gut festlegen, und gerade denen imponiert es gewaltig, wenn der Mann ihnen gewisse Entscheidungen abnimmt. Möglichst nicht zu ihrem Nachteil. Beim Restaurant, gerne auch beim Outfit, unbedingt beim Erobern. Apropos erobern: Ein Mann, der weiß, was er will, und es sich auch nimmt – so geht der Satz oft weiter.

Das Problem ist nur: Was, wenn der Mann nicht nur weiß, was er will, sondern auch tut, was er will? Da wird's kompliziert, denn so hat sie sich das auch wieder nicht vorgestellt mit der Entschlossenheit des Mannes. Souveränität – schön und gut, aber bitte nicht zu viel davon. Ich habe den Eindruck, am liebsten wäre diesen Weiß-was-er-will-Weibchen ein Mann, der weiß, was er will (nämlich sie), und wenn er hat, was er will (höchstwahrscheinlich Sex mit ihr), dann tut er gefälligst, was sie will. Willenloser Willi, wer das mit sich machen lässt!

33 Dinge, die Frauen und Männer anders sagen, als sie meinen

Das Leben besteht aus schönen Lügen. Würden wir immer Klartext reden, wäre der Teufel los. Hier ein paar Beispiele.

1. Sie: «Magst du mal den Müll runterbringen?» (In Gedanken: «Bring jetzt sofort den Müll runter, du fauler Sack!»)
2. Er: «Du bist doch nicht dick!» (In Gedanken: «Sie hat ganz schön zugelegt.»)
3. Sie: «Das kann doch jedem mal passieren.» (In Gedanken: «Was für ein Schlappschwanz!»)
4. Er: «Ich liebe dich auch.» (In Gedanken: «Lässt du mich jetzt endlich schlafen?»)

5. Sie: «Danke für den netten Abend.» (In Gedanken: «Auf Nimmerwiedersehen!»)
6. Er: «Ja, ich will!» (In Gedanken: «Mist, ich muss.»)
7. Sie: «Du warst beim Friseur.» (In Gedanken: «Hast du eine Wette verloren?»)
8. Er: «Da bin ich ganz bei dir.» (In Gedanken: «Lass mich in Ruhe, ich habe keine Lust zu diskutieren.»)
9. Sie: «Schön, dich kennenzulernen.» (In Gedanken: «Wer ist bloß der gutaussehende Typ neben ihm?»)
10. Er: «Du kannst doch alles tragen, Schatz!» (In Gedanken: «Zieh an, was du willst, aber lass uns endlich gehen.»)
11. Sie: «Doch, doch, ich mag deine neue Freundin.» (In Gedanken: «Diese Bitch hat ihn nicht verdient!»)
12. Er: «Ich hab kein Problem mit deinem Ex.» (In Gedanken: «Der arrogante Sack soll dich bloß in Ruhe lassen!»)
13. Sie: «Ich hab schon wieder so einen Hunger!» (In Gedanken: «Nicht schon wieder essen!»)
14. Er: «Superlecker!» (In Gedanken: «Wir hätten essen gehen sollen.»)
15. Sie: «Das Rezept muss ich haben.» (In Gedanken: «Das krieg ich besser hin.»)
16. Er: «Schicke Schuhe, sind die neu?» (In Gedanken: «Die müssen ein Vermögen gekostet haben.»)
17. Sie: «Deine Chefin sieht umwerfend aus in dem Kleid!» (In Gedanken: «Wie eine billige Schlampe!»)
18. Er: «Ich ruf dich an.» (In Gedanken: «Nichts wie weg.»)
19. Sie: «Du bist echt ein Superdaddy!» (In Gedanken: «Wurde auch Zeit, dass er sich endlich mal um die Kleine kümmert.»)
20. Er: «Ich liebe diese Serie!» (In Gedanken: «Downton-was?»)
21. Sie: «Der Gomez sieht schon super aus!» (In Gedanken: «Laaaaaaaangweilig!»)

22. Er: «Ich liebe dich, so wie du bist.» (In Gedanken: «Was bleibt mir anderes übrig?»)
23. Sie: «Ich liebe dich, so wie du bist.» (In Gedanken: «Ich hab dich schließlich dazu gemacht.»)
24. Er: «Ich gehe gern ins Theater und treibe regelmäßig Sport.» (In Gedanken: «Fußball schauen mit den Jungs.»)
25. Sie: «Lesen, Yoga, Fitnessstudio.» (In Gedanken: «Shoppen mit den Mädels.»)
26. Er: «Sie muss Spaß verstehen, das ist mir wichtig.» (In Gedanken: «Sie muss Spaß am Sex haben, alles andere ist egal.»)
27. Sie: «Er muss mich zum Lachen bringen.» (In Gedanken: «Er muss mich zum Orgasmus bringen.»)
28. Er: «Deutlich über dem Durchschnitt.» (In Gedanken: «Normal halt.»)
29. Sie: «Eine Handvoll.» (In Gedanken: «75A.»)
30. Er: «In die Augen.» (In Gedanken: «Auf den Arsch.»)
31. Sie: «Auf die Hände.» (In Gedanken: «Auf den Po.»)
32. Er: «Ich werde dich nie verlassen.» (In Gedanken: «Nicht in diesem Lebensabschnitt.»)
33. Sie: «Ich werde dich nie verlassen.» (In Gedanken: «Ich liebe Märchen.»)

Crashkurs Frau: In fünf Schritten zur Hardcore-Emanze

1. Mische dich in jedes Posting auf der *Emma*-Facebook-Seite ein und beschimpfe Männer, die es wagen, einen Hauch von Kritik anzubringen, oder die lediglich den Diskurs suchen, als sexistische Menschenverächter.

2. Setze «#aufschrei» hinter jeden deiner Tweets (auch wenn du nur über das Wetter twitterst, aber was heißt schon «nur», wenn doch 2014 die Hochs männliche Vornamen tragen, wie du empört feststellen musstest).

3. Du setzt dich kompromisslos für die Auflösung der Geschlechtertrennung ein, weshalb es dir egal ist, neben welchem Geschlecht du am nächsten Morgen aufwachst.

4. Hohe Schuhe und enge Röcke lehnst du als von Männern entworfene Diskriminierungsware ab (meditiere das Gefühl weg, dass du dich hin und wieder gut darin fühlst).

5. Bestrafe dich selbst mit einem Job als Hostess auf einer Automesse, weil du schon länger als fünf Minuten in diesem sexistischen Schundbuch stöberst.

Manntra von Peter Ustinov
«Die besten Frauenkenner sind die Meteorologen: Sie geben den Wirbelstürmen Frauennamen.»
(Der Schauspieler und Schriftsteller lebte von 1921 bis 2004)

ProtoTypen

(5)

Chuck Norris

Manche Männer haben es einfach drauf. In dieser Reihe geht es um zeitlose Typen, von denen wir viel lernen können. Teil 5: der unbesiegbare Chuck Norris.

Wer ist der Typ? Eines gleich vorweg: Durch diese Zeilen weht nicht der Hauch einer Kritik. Ich bin doch nicht lebensmüde! Wer den schauspielenden Kampfkünstler kennt, der weiß, wohin es führt, wenn du dich mit ihm anlegst, und ich habe keine Lust, bei einer Taekwondo-Aufwärmübung über die Alpen geschossen zu werden. Chuck Norris also ist der Allerbeste. Die Supernova unter den Actionhelden. Der Beschützer von Gott und der Welt. Der Weltenmeisterer. Und das kam so: Geboren 1940 in Oklahoma, trainierte der junge Militärpolizist in Korea die Kampfkunst Tang-Soo-Do. Bruce Lee soll dem Wettkampf-sportler zu seinem ersten Auftritt vor der Kamera verholfen haben; Steve McQueen motivierte ihn, Schauspielunterricht zu nehmen. Fortan zelebrierte Chuck Norris (eigentlich Carlos Ray Norris Jr.) in Dutzenden Filmen, wie die Guten den Bösen zeigen, wo der Barthel den Most holt. Wo die Latten am Zaun hängen. Wo die Faust aufs Auge passt. In jüngerer Zeit hat es der Coach der Siegertypen zum Internet-Phänomen geschafft: Die «Chuck Norris Facts» oder Chuck-Norris-Witze gehören längst zur Netz-kultur. Sie parodieren die Männlichkeit und Stärke der stereo-typen (ups, sorry! Die Kritik bitte streichen und durch «vielfälti-gen» ersetzen!) Chuck-Norris-Charaktere und glorifizieren sie zu unschlagbaren Superhelden. Beispiele gefällig? «Chuck Norris isst keinen Honig. Er kaut Bienen.» Oder: «Chuck Norris schläft bei Licht. Weil die Dunkelheit Angst vor ihm hat.» Oder: «Chuck

Norris vergisst nie. Er kann sich sogar an morgen erinnern.» Oder: «Chuck Norris kann 141 Zeichen twittern.»

Was hat er zu sagen? Nicht viel. Chuck-Norris-Charaktere sind schweigsame Einzelgänger, die Probleme lieber selber lösen, als sie auszudiskutieren.

Was können wir von ihm lernen? Mit innerer Ruhe und der richtigen Kampftechnik kannst du alles schaffen. Wirklich alles. Man munkelt, Chuck Norris habe die Berliner Mauer zum Einsturz gebracht; Osama bin Laden nur mit Blicken beseitigt und bereits mehrere Asteroiden an der Erde vorbeigelenkt und feindselige Aliens zur Rückkehr bewogen.

Und weitere Inspirationen fürs Mannsein? Schluss mit luschig, Weicheier mag niemand. Oder wie Chuck Norris sagt: «Männer sind wie Stahl. Wenn sie ihre Härte verlieren, verlieren sie ihren Wert.»

Manntra von Stephan Reimertz

«Ist eine Dame, die sich nicht als Dame benimmt, weiterhin als Dame zu behandeln? Die Frage muss leider bejaht werden. Erst die Selbstüberwindung macht den Gentleman.» (Der Kunsthistoriker und Romancier 2005 in der Frankfurter Allgemeinen Zeitung)

Inspirationsfaktor auf der nach oben offenen Machismoskala: **1000 von 100 Roundhouse-Kicks**.

33 Sätze, die man vor, beim und nach dem Sex besser vermeiden sollte

Ein ehrliches «Ich will dich», etwas Dirty Talk – alles schön und gut. Gewisse Worte aber turnen ab. Sehr sogar.

1. Er: «Bunga, Bunga, Baby?»
2. Sie: «Ich habe Migräne.»
3. Er: «Nun stell dich nicht so an.»
4. Sie: «Aber mach schnell!»
5. Er: «Ich kann so nicht arbeiten!»
6. Sie: «Komm zu Mama!»
7. Er: «Licht aus oder Licht an?»
8. Sie: «Wollen wir doch mal sehen, ob der kleine Mann in Form ist, ja wo isser denn?»
9. Er: «Wenn ich es mir recht überlege, vielleicht machen wir doch das Licht aus.»
10. Sie: «Magst du ein Handtuch unterlegen?»
11. Er: «Das ist mir noch nie passiert.»
12. Sie: «Das kann doch jedem mal passieren.»
13. Er: «Wie war noch gleich dein Name?»
14. Sie: «Bist du schon drin?»
15. Er: «Darf ich das? Bitte, bitte, bitte!»
16. Sie: «Das ist der Größte, den ich je hatte!»
17. Er: «Ich will nie wieder eine andere.»
18. Sie: «Größe spielt keine Rolle.»
19. Er: «Andere Frauen machen das auch.»
20. Sie: «Natürlich geht das, Marc konnte das auch!»
21. Er: «Jetzt lach doch mal zwischendurch in die Kamera.»
22. Sie: «Nenn mich wie deine Ex!»
23. Er: «Du bist so griffig!»
24. Sie: «Ich liebe deinen Waschbärbauch.»

25. Er: «Dein Grunzen macht mich high!»

26. Sie: «Es kommt auf die Qualität an, nicht auf die Quantität.»

27. Er: «Ich glaube, ich bin schon gekommen.»

28. Sie: «Mir kommt es schon zum fünften Mal.»

29. Er: «Fühlt sich an, als wäre das Kondom gerissen.»

30. Sie: «Ach Schatz! Das Bett war frisch bezogen!»

31. Er: «Muss ich dafür bezahlen?»

32. Sie: «Du warst der Beste, den ich je hatte.»

33. Beide gleichzeitig: «Ich werde dich nie verlassen.»

Crashkurs Paar: In fünf Schritten zur Sex-Beziehung

1. Er denkt an Sex, wenn er an sie denkt (er denkt an sie, wenn er an Sex denkt).

2. Sie denkt an Sex, wenn sie an ihn denkt (sie denkt an ihn, wenn sie an Sex denkt).

3. Er erinnert sich an Sex, wenn er sich an ihre erste Begegnung erinnert (er erinnert sich an sie, wenn er sich an seinen besten Sex erinnert).

4. Sie erinnert sich an Sex, wenn sie sich an ihre erste Begegnung erinnert (sie erinnert sich an ihn, wenn sie sich an ihren besten Sex erinnert).

5. Sie haben sich nur Sex zu geben, sonst nichts (hab ich gerade «nur» geschrieben?).

Thesen zum modernen Machismo (11)

Der moderne Machismo vereint Gentleman- und Playboy-Dasein im besten Sinne der Worte: Seid zuvorkommend und spielt!

---

33 Männersongs und was wir aus den Texten lernen können (oder was uns schmunzeln lässt)

Ein Lied sagt mehr als 1000 Worte. Was Musiker über Männer dichten, grenzt an Philosophie (oder an Stuss).

1. Ina Deter: «Neue Männer braucht das Land» («Ein Zettel an das Schwarze Brett, er muss nett sein, auch im Bett.»)
2. Salt 'n' Pepa featuring En Vogue: «Whatta Man» («From seven to seven he's got me open like Seven Eleven.»)
3. Herbert Grönemeyer: «Männer» («Männer sind schon als Baby blau.»)
4. James Brown: «It's A Man's World» («But it wouldn't be nothing, nothing without a woman or a girl.»)
5. Die Ärzte: «Männer sind Schweine» («Männer sind Autos, nur ohne Reserverad.»)
6. Village People: «Macho Man» («Funky with his body, he's a king.»)
7. Rainhard Fendrich: «Macho Macho» («Du bleibst dein Leben lang a Dodl.»)
8. The Weather Girls: «It's Raining Men» («So that each and every woman could find her perfect guy.»)
9. Reinhard Mey: «Männer im Baumarkt» («Sie sind Säger, sie sind Sammler, sie sind Jäger, sie sind Rammler, sie sind

Schräger, sie sind Schrammler, Heimwerker sind sanfte Träumer.»)

10. Barbara Schöneberger: «Männer muss man loben» («Danke für die Blumen von der Tanke.»)

11. Roger Cicero: «Kein Mann für eine Frau» («Für ein Leben zu zweit, dafür ist mir die Zeit viel zu knapp.»)

12. The Cure: «Boys Don't Cry» («I try and laugh about it hiding the tears in my eyes.»)

13. Max Raabe: «Die Männer sind schon die Liebe wert» («Wenn wir auch groß tun und mächtig schrei'n, in eurem Arm sind wir doch ganz klein.»)

14. Tammy Wynette: «Stand By Your Man» («But if you love him, you'll forgive him, even though he's hard to understand.»)

15. Percy Sledge: «When A Man Loves A Woman» («If she's bad he can't see it.»)

16. Gitte Haenning: «Ich will 'nen Cowboy als Mann» («Dabei kommt's mir gar nicht auf das Schießen an, denn ich weiß, dass so ein Cowboy küssen kann.»)

17. Gitte Haenning: «So schön kann doch kein Mann sein» («Warum rufst du immer noch an, sagst mir, dass man sich ändern kann.»)

18. Alice Cooper: «No More Mr. Nice Guy» («No more mister clean.»)

19. Die Prinzen: «Frauen sind die neuen Männer» («Ich kenne kaum noch einen Unterschied.»)

20. Inner Circle: «Bad Boys» («Why did you have to act so mean? Don't you know you're a human being?»)

21. Margot Werner: «So ein Mann» («Dieser Wuchs, diese Kraft weckt in mir die Leidenschaft.»)

22. Pulp: «I'm A Man» («Your car can get up to a hundred and ten, you've nowhere to go but you'll go there again.»)

23. Trude Herr: «Ich will keine Schokolade» («Ich will lieber

einen Mann. Ich will einen, den ich küssen und um den Finger wickeln kann.»)

24. Blur: «Girls And Boys» («Girls who are boys who like boys to be girls.»)

25. Thomas Godoj: «Männer sind so» («Ist doch kein Grund, dass man sich ändern muss.»)

26. Steppenwolf: «Man On A Mission» («No matter what, ain't gonna stop till I get satisfied.»)

27. Sheryl Crowe: «Strong Enough» («Are you strong enough to be my man?»)

28. The Admirals featuring Seraphina: «Männer sind so scheiße sexy» («Ihr messt euch an eurer Länge, aber wir sehn's da nicht so enge.»)

29. Tina Turner: «Typical Male» («All I want is a little reaction.»)

30. Lynyrd Skynyrd: «Simple Man» («And be a simple kind of man, oh be something you love and understand.»)

31. Eric Clapton: «Forever Man» («How many times must I say I love you before you finally understand? Won't you be my forever woman? I'll try to be your forever man.»)

32. Günter Neumann: «Ein Neandertaler» («Männer gibt es heute wieder reichlich, und wir werden nach wie vor begehrt. Aber leider sindse furchtbar weichlich, keiner ist'n Kerl wie sich's gehört.»)

33. Titelsong der TV-Serie «Two And A Half Man» («Men men men men, manly men men men.»)

Manntra von Marius Müller-Westernhagen
«Ein Gentleman ist ein guter Zuhörer. Er besteht nicht auf seiner Meinung, er argumentiert für sie. Und wenn die Argumente anderer besser sind, hat er die Größe, das einzugestehen.»
(Der Sänger in einem Interview mit der GQ)

Expedition ins Pärchenreich

(3)

Er soll so werden, wie sie will

«Shut the fuck up! Und such dir ein anderes Projekt!» Mit diesen Worten hat Ryan seine zweieinhalbjährige Beziehung zu Silvi beendet. Gesagt, gegangen. Erzählt Ryan. Und Ryan ist keiner, der seine Kumpel belügt. Er ist der ehrlichste Kanadier, den ich kenne (dass mir bisher nur einer über den Weg lief, tut hier nichts zur Sache). Und auch der gelassenste! Da muss schon ein Grizzlybär seinen penibel gepflegten MP3-Player verdrücken, bevor Ryan Anzeichen von Zorn zeigt. Irgendwann jedoch platzte ihm die Hutschnur, weil er von Silvis unaufhörlichen Beziehungsmaßnahmen genug hatte.

Und das kam so: Silvi wollte ihren Freund verändern – ein beliebtes Hobby unter Frauen mit zu viel Zeit (auch unter Frauen mit zu wenig Zeit, aber das nur nebenbei). Sie wollte einen Mann aus ihm machen, der er nicht war. Der beim Italiener Meeresfrüchte ohne Pizza bestellt, im Fitnessstudio Pilates übt und auf dem Sofa «True Blood» guckt. Freiwillig. Mit der Sensibilität eines Holzfällers aus Südost-Toronto hackte sie auf ihn ein, kleidete ihn ein, schränkte ihn ein. Sie lullte ihn ein mit ihrer scheinbar fürsorglichen Art, sein Bestes zu wollen, das in Wahrheit nur ihr Bestes war. Denn ihm wurde davon nur schlecht. Schlecht für sie: Projekt gescheitert.

Keine Frage: Auch Männer lieben Projekte. Fernreisen zu den Auswärtsspielen des Lieblingsclubs zum Beispiel, die sorgfältige Ausarbeitung des nächsten Junggesellenabschieds oder die autobiographische Neusortierung des CD-Regals. Aber die eigene Freundin ist projektfreie Zone (Sadomaso-Affären einmal ausgeklammert). Da sind Männer anders als Frauen, viele von uns hassen Veränderung. Vor allem bei der Partnerin muss gelten: Sie soll so bleiben, wie sie ist. Denn nur weil sie ist, wie sie ist, nimmt er die Mühen einer Beziehung überhaupt auf sich. Dieser berauschende Liebeszauber, der dem idealen Anfang innewohnt, soll bitte schön erhalten bleiben. Sie soll nicht aufhören, sich zu dekorieren, als wäre der Alltag das zweite Rendezvous. Soll nicht aufhören, ihn zu wollen. Soll nicht aufhören mit dem Strahlen.

Ernüchtert stellen monogame Beziehungsmenschen irgendwann fest: Aus dem Strahlen wird bald ein Stänkern. Aus dem Ihm-gefallen-Wollen ein Ihn-mir-gefällig-Machen. Wollsocken statt Nylonstrümpfe. Muss ich mehr sagen? Sie beginnt sich zu verändern, und wenn sie schon dabei ist, verändert sie ihn gleich mit. Das Projekt beginnt – und ist schon jetzt zum Scheitern verurteilt.

33 Vorsätze für den modernen Mann

2014 wird das Jahr des modernen Machismo. Dazu ein paar Impulse.

1. Emannzipiert euch, Freunde!
2. Sei charmant und frech zugleich (eine teuflisch-gute Kombination).
3. Interessiere dich für andere und erzähl ihnen, was dich bewegt (die Kunst ist die Balance, Ausfrager oder Ego-Shooter mag niemand).
4. Finde dich und deinen persönlichen Stil, kopiere nicht die anderen (wer bin ich, und wenn ja, wie viele nicht?).

5. Lass dir eine Glatze schneiden (Glatze ist so lange uncool, bis man sich freiwillig eine verpasst).

6. Lass dir einen Bart wachsen (aber nur einen, der die Bezeichnung Bart verdient).

7. Kauf dir gute Schuhe (kauf dir noch mehr gute Schuhe).

8. Akzeptiere Gleichberechtigung auf allen Ebenen (nur nicht im Bett, das bremst).

9. Betrachte kluge Feminismus-Aktivistinnen nicht als Feinde (es heißt: Feindinnen, wäre es dir aufgefallen?).

10. Überlasse die Welt der Frauen nicht den Frauen (sie zu verstehen, ist der Kompass im Gender-Dschungel).

11. Lass Männlichkeit zu 100 Prozent zu, emannzipiere dich!

12. Studiere die Thesen zum modernen Machismo (und entwickle sie fort).

13. Lass dich nicht herumschubsen oder verplanen.

14. Sei ein moderner Alpha (auch wenn die Beta-Version noch Macken hat).

15. Wechsle Autoreifen selber.

16. Braue Bier selber.

17. Lege niedliche Kosenamen ab (Juli war, Julian ist!).

18. Bring dich in Form.

19. Ananas statt Asanas!

20. Mehr Schwärmen, weniger Nörgeln.

21. Mehr echte und weniger falsche Freunde.

22. Tue Dinge, die du noch nicht kannst (fördern durch fordern).

23. Tue Dinge, die du noch nie getan hast (erste Male sind unvergesslich).

Manntra von Jürgen Vogel
«Vieles ist nach wie vor ganz simpel. Eine gute Frau ist eine gute Frau, ein guter Mann ist ein guter Mann. Eine gute Frau wird immer für ihre Freiheit, ihre Rechte, ihre Gleichberechtigung kämpfen, ein guter Mann wird sie darin unterstützen – und trotzdem werden wir alle nie gleich sein.»
(Der Schauspieler 2013 in einem Interview mit der Süddeutschen Zeitung)

24. Lies Glenn O'Brien und Neil Strauss.

25. Trauere nicht deiner Ex hinterher (bald wird sie zur Ex-Ex).

26. Sprich mehr fremde Frauen an (Verkäuferinnen und Kellnerinnen zählen nicht).

27. Mehr Sex, weniger Metrosexualität!

28. Sex ohne Gefühle.

29. Sex ohne Gefühle außerhalb des Betts.

30. Sex ohne Gefühle außerhalb des Betts und außer Haus.

31. Sex ohne Gefühle außerhalb des Betts und außer Haus mit einer Fremden.

32. Sex mit Gefühlen (überall und oft).

33. Schluss mit luschig!

Danke schön,
ihr Anti-Luschen!

Seit Herbst 2012 blogge ich unter schlussmitluschig.de Notizen zum Mannsein. Für mehr Orientierung im Gender-Dschungel, für ein wunderbar modernes Männerbild, für euch. Aus meiner anfänglichen Verwirrung wuchs bald eine Mission: die Emannzipation. Die Befreiung aus den Fesseln des Schluffitums sollte ein Weckruf sein, sollte im Kleinen Großes bewegen – aber unbedingt mit Humor. Mit List und Listen statt mit Trotz und Traktaten. Denn der Geschlechterkampf wird schon verbissen genug geführt.

Ich danke allen Leserinnen und Lesern sowie den unermüdlichen Bloggerkollegen für die Treue, den Diskurs und die gegenseitige Inspiration. Ich habe gelacht und geflucht, wurde bejubelt und beschimpft. Schließlich wurde ich entdeckt, weshalb ein riesengroßes Dankeschön an Julia Vorrath von Rowohlt geht, die die Entstehung dieses Buches mit Herzblut, Humor und Sprachgefühl begleitet hat.

Nicht zuletzt danke ich Emma, meiner Emma. Hätte sie mich damals nicht für Spocki verlassen, dann wäre ich heute noch der Pantoffelheld, der ich nie wieder sein möchte.

Bleibt schelmisch, Freunde!
Euer Julian

Was passiert, wenn man auf Spam reagiert?

Spam wird gelöscht und lässt sich erstaunlich gut filtern – dabei sind die unerwünschten Mails häufig sehr unterhaltsam. Doch was passiert, wenn man tatsächlich eine der angebotenen Waren bestellen oder eine der abstrusen Dienstleistungen in Anspruch nehmen will? Sue Reindke hat mit den Anbietern Kontakt aufgenommen – mit überraschenden und vor allem sehr witzigen Ergebnissen.

Sb 022/3 · Rowohlt online: www.rowohlt.de · www.facebook.com/rowohlt

rororo 61125

Vince Ebert

«Intelligenter Humor, sinnstiftend, sozialkritisch und philosophisch angehaucht.» (WAZ)

Bleiben Sie neugierig!
Macht sauer lustig?
Und andere Fragen aus
der Wissenschaft
rororo 63043

Machen Sie sich frei!
Sonst tut es keiner für Sie
rororo 62651

Denken Sie selbst!
Sonst tun es andere für Sie
rororo 62386

rororo 63043